WIKIPEDIA *ET AL.* PARA LA TRADUCCIÓN PROFESIONAL

Elisa Alonso

Wikipedia *et al.*
para la traducción profesional

Narrativas y percepciones
sobre las herramientas de traducción
y los recursos genéricos

Granada, 2024

Colección indexada en la MLA International Bibliography desde 2005

EDITORIAL COMARES

INTERLINGUA
394

Directores de la colección:
ANA BELÉN MARTÍNEZ LÓPEZ
PEDRO SAN GINÉS AGUILAR

Comité Científico (Asesor):

ESPERANZA ALARCÓN NAVÍO Universidad de Granada
JESÚS BAIGORRI JALÓN Universidad de Salamanca
CHRISTIAN BALLIU ISTI, Bruxelles
LORENZO BLINI LUSPIO, Roma
ANABEL BORJA ALBÍ Universitat Jaume I de Castellón
NICOLÁS A. CAMPOS PLAZA Universidad de Murcia
MIGUEL Á. CANDEL-MORA Universitat Politècnica de València
ÁNGELA COLLADOS AÍS Universidad de Granada
MIGUEL DURO MORENO Universidad de Málaga
FRANCISCO J. GARCÍA MARCOS Universidad de Almería
GLORIA GUERRERO RAMOS Universidad de Málaga
CATALINA JIMÉNEZ HURTADO Universidad de Granada
ÓSCAR JIMÉNEZ SERRANO Universidad de Granada
ÁNGELA LARREA ESPINAR Universidad de Córdoba
HELENA LOZANO Università di Trieste
JAVIER MARTÍN PÁRRAGA Universidad de Córdoba
ANTONIO RAIGÓN RODRÍGUEZ Universidad de Córdoba
MARIA JOAO MARÇALO Universidade de Évora
FRANCISCO MATTE BON LUSPIO, Roma
CHELO VARGAS-SIERRA Universidad de Alicante
MERCEDES VELLA RAMÍREZ Universidad de Córdoba
ÁFRICA VIDAL CLARAMONTE Universidad de Salamanca
GERD WOTJAK Universidad de Leipzig

ENVÍO DE PROPUESTAS DE PUBLICACIÓN:

Las propuestas de publicación han de ser remitidas (en archivo adjunto, con formato PDF) a alguna de las siguientes direcciones electrónicas: anabelen.martinez@uco.es, psgines@ugr.es

Antes de aceptar una obra para su publicación en la colección INTERLINGUA, ésta habrá de ser sometida a una revisión anónima por pares. Para llevarla a cabo se contará, inicialmente, con los miembros del comité científico asesor. En casos justificados, se acudirá a otros especialistas de reconocido prestigio en la materia objeto de consideración.

Los autores conocerán el resultado de la evaluación previa en un plazo no superior a 60 días. Una vez aceptada la obra para su publicación en INTERLINGUA (o integradas las modificaciones que se hiciesen constar en el resultado de la evaluación), habrán de dirigirse a la Editorial Comares para iniciar el proceso de edición.

Colección fundada por: Emilio Ortega Arjonilla y Pedro San Ginés Aguilar

Imagen de cubierta: © «La Ventana», José Antonio Martel

© Elisa Alonso

Editorial Comares, 2024
Polígono Juncaril • C/ Baza, parcela 208 • 18220 Albolote (Granada) • Tlf.: 958 465 382
http://www.comares.com • E-mail: libreriacomares@comares.com
https://www.facebook.com/Comares • https://twitter.com/comareseditor
https://www.instagram.com/editorialcomares

ISBN: 978-84-1369-775-8 • Depósito legal: Gr. 1579/2023

Impresión y encuadernación: COMARES

La dimensión tecnológica es inseparable de lo humano. No existen seres humanos sin tecnologías, porque en gran medida lo que denominamos «humano» es, también, consecuencia de ellas. «Pensamos porque tenemos mano» decía un adagio griego que Platón pone en boca de Sócrates. Y, en efecto, el pensamiento es en gran medida consecuencia de nuestra compleja interacción con el mundo.

Vázquez Medel (2003a: 24)

Con agradecimiento, a las maestras y los maestros.

Sumario

Prólogo

El 21 de noviembre de 2014, en la Universidad de Sevilla, formé parte, como vocal, del tribunal que juzgó la tesis doctoral de Elisa Alonso, que llevaba por título *Traducción y tecnología. Análisis del uso y percepción de Wikipedia por parte de los profesionales de la traducción.* Recuerdo leer entonces con enorme interés su trabajo. Se trataba de un tema espinoso, puesto que la mayoría de docentes de grados y posgrados de Traducción renegaban del uso de Wikipedia en las prácticas traductoras en sus aulas. Era necesario, pues, plantear un posicionamiento serio y con base empírica, para poder argumentar lo contrario. En esa investigación doctoral, la autora entrevistó a traductores mediante grupos de discusión para conocer de primera mano en qué medida este recurso era usado por parte de la profesión. Uno de los objetivos de la universidad es estar en constante contacto con la profesión, por lo que no contar con esta para tomar decisiones de formación de traductores es renegar de la razón misma de nuestro trabajo.

En los últimos diez años, probablemente todas las promociones que han pasado por mis clases de traducción general o especializada, tanto en la Universidad Pablo de Olavide de Sevilla como en la Universidad de Málaga, me han oído citar a la autora. Su tesis y los estudios posteriores que ha realizado en torno al uso de Wikipedia por parte de la comunidad traductora siempre surgen en las conversaciones con mis estudiantes cuando dudan sobre el uso de la enciclopedia colaborativa como recurso durante el proceso traductor. Yo misma he formado parte de dos de los proyectos de innovación docente que Elisa Alonso ha liderado en la Universidad Pablo de Olavide de Sevilla, destinados a involucrar al alumnado en el uso de este recurso como parte de su trabajo. Estos dos proyectos, «Formación de traductores y desarrollo de contenido multilingüe sobre 'Mujeres y Ciencia'» (curso 2015/2016) y «Acción participativa en el aula de traducción: Wikipedia multilingüe para mujeres destacadas» (curso 2016/2017) son, sin duda, algunas de las mejores muestras de transferencia de su investigación a la formación que ha realizado la autora. Y todo ello, a pesar de que, como ella misma menciona en el capítulo I de esta monografía, «para muchos, [Wikipedia] todavía resulta un recurso controvertido». Está en nuestra mano, como docentes, *enseñar* a usar Wikipedia, tal como enseñamos a utilizar cualquier otro tipo de recurso de documentación. Esto es: no es lo que se usa, sino cómo se usa.

Elisa Alonso fue la primera investigadora que estudió Wikipedia desde la perspectiva de la disciplina de los estudios de traducción y esas primeras investigaciones han tenido importantes ramificaciones en su trayectoria académica, tanto en forma de otras publicaciones como en su actividad docente. Hoy, diez años después de la defensa de su tesis doctoral, tengo el honor de prologar esta obra.

Wikipedia et al. para la traducción profesional. Narrativas y percepciones sobre las herramientas de traducción y los recursos genéricos se enfoca desde una perspectiva interdisciplinar (conociendo a la autora, no podría ser de otra forma) y rescata teoría, tanto de la disciplina de estudios de traducción, como de la comunicación, tecnologías de la información y la comunicación, documentación, sociología o inteligencia artificial, entre otras. El eje principal lo conforma la palabra contada, y la metodología que se emplea es la de la investigación cualitativa basada en narrativas. Para ello, la autora parte de la hipótesis de que Wikipedia puede ser considerada un sistema cultural, en tanto que es una enciclopedia creada por la misma comunidad que la consulta y, en base a ello, la explica desde diversas perspectivas teóricas, partiendo del imaginario social de Vázquez Medel hasta la Teoría de los Polisistemas de Even Zohar. La fundamentación teórica en la que se sustenta el análisis cualitativo de las narrativas surge, a su vez, de los postulados de la transhumanización de la traducción, y para ello se basa en investigación previa realizada junto con Elisa Calvo. Como se puede observar: de nuevo, interdisciplinariedad. Resulta especialmente interesante observar el resultado del estudio de las narrativas desde la perspectiva de la transhumanización, algo, por otra parte, perfectamente lógico, si tenemos en cuenta que la traducción es una acción colaborativa y social.

No es mi deseo privar al lector de descubrir, mediante la lectura de esta obra, los resultados del estudio o el análisis pormenorizado que la autora aplica a las conversaciones de los grupos de discusión. Aconsejo adentrarse en el marco teórico, descubrir las categorías de codificación de datos y leer con detenimiento las consideraciones del capítulo V.

Esta obra es una monografía realizada desde un riguroso enfoque científico, que amplía la información que de este tema se tenía hasta ahora, y en la que también se vislumbra, a través de sus páginas, el entusiasmo de la autora por el estudio que ha llevado a cabo basándose en la palabra contada y en las narrativas, las cuales, como ella misma afirma, «atesoran la verdad de la vida».

Nieves Jiménez Carra
Universidad de Málaga

Prólogo de la autora

Los primeros veinte años del siglo xxi han sido, en términos tecnológicos, la era de Google y de Wikipedia. Ahora hemos comenzado una nueva etapa en la que cada día nos asombraremos por la visión esplendorosa de la Inteligencia Artificial (que, no obstante, también traerá sus propias miserias). Es el momento, por tanto, de cerrar un ciclo y de construir una memoria colectiva que dé cuenta de todo lo acontecido. A este propósito pretende contribuir esta obra.

He dedicado la primera década de este siglo a ejercer como traductora profesional y la segunda a los Estudios de Traducción. He vivido, he disfrutado y he aprendido algunas cosas. La búsqueda de la verdad es uno de los principales retos de nuestra civilización; todavía lo es más desde el advenimiento de la sociedad informacional y desde la popularización de la Inteligencia Artificial. Pero la verdad es líquida y compleja, y lo cierto es que solo se puede construir de manera intersubjetiva.

Conseguir una traducción verdadera (fiel al texto, fiel al autor, y, por encima de todo, fiel al propósito) es uno de los mantras de la labor de mediación. Pero, ¿dónde está la verdad? ¿dónde hallar la palabra precisa, la palabra perfecta? La labor de la traducción consiste en una toma constante de decisiones que deben estar debidamente informadas. Para lograrlo, las intrépidas traductoras en activo durante estas primeras décadas del siglo han recurrido a todo tipo de recursos, tanto especializados de la traducción como genéricos, tanto humanos como tecnológicos. Es el objetivo principal de esta obra dar cuenta de estas interacciones y prestar atención, sobre todo, al uso y a la percepción que se tiene de Wikipedia en el entorno de la traducción profesional.

Del variado repertorio de posibilidades metodológicas que están en la actualidad al servicio de la investigación es, sin duda, la palabra contada mi favorito. Encuentro que es en la palabra contada, en un entorno de vida compartida, de animada charla, donde la investigación en Humanidades y en Ciencias Sociales puede dar respuesta a las preguntas fundamentales de sendas disciplinas. Las narrativas atesoran, en mi

XV

opinión, la verdad de la vida. Este es el motivo por el que las entrevistas que realicé en el transcurso de mi investigación doctoral son el eje que vertebra esta obra.

Encontrará el lector en primer lugar una descripción del punto de partida de nuestro estudio y una revisión de lo que importantes autores han dicho antes sobre la traducción y la tecnología. Seguidamente, observaremos la urdimbre y la trama de Wikipedia y, desde esa visión microscópica, vamos a proponer una definición sistémica y cultural del fenómeno social que es Wikipedia en realidad. A continuación, daremos la palabra a las generosas trujamanas que quisieron contarnos cómo son los entresijos de la profesión más bonita del mundo. Entraremos en detalle y explicaremos el qué y el cómo de esta investigación cualitativa basada en narrativas. Por último, realizaremos un ejercicio hermenéutico y de mediación, y trataremos de tender puentes entre lo que han dicho otros investigadores, la voz de estas traductoras y la mía propia. Falta pues tan solo quien dé sentido a todo lo anterior, el lector, a quien corresponde encajar la última pieza de este puzle sobre la verdadera historia de Wikipedia en la traducción.

Capítulo 1
Wikipedia, ¿una ayuda para el traductor profesional?

Esta obra se interesa por reflexionar sobre el uso y la percepción de Wikipedia en el contexto profesional de la traducción desde una aproximación que integra el papel central de la tecnología en los Estudios de Traducción. Al hilo de este estudio, se colaciona la mención a otros recursos y tecnologías, mayormente genéricos, como el buscador de Google, los diccionarios en línea, Google Images, los foros, los corpus, etc.

Esta propuesta se puede considerar un ejemplo de estudio interdisciplinar, en cuyo análisis se han conjugado teorías del campo de la Traducción e Interpretación con otras disciplinas como son la Comunicación, las Tecnologías de la Información y la Comunicación, la Sociología, la Documentación, la Educación, la Psicología y la Inteligencia Artificial.

Desde una perspectiva personal, me gustaría mencionar que el interés por documentar el entorno de la traducción ejercida de manera profesional surgió a través de mi propia experiencia como traductora y localizadora, primero dentro de la multinacional Lionbridge y posteriormente como trabajadora *freelance* durante el periodo comprendido entre 1998 y 2011. Más recientemente, mi labor como docente en la Universidad Pablo de Olavide de Sevilla me ha llevado a reflexionar sobre la importancia de conocer cuál es la naturaleza de las interacciones entre el traductor y las herramientas, con vistas tanto a la formación de traductores, como a la mejora de las competencias traductológicas de la ciudadanía en general.

Por estos motivos, el enfoque de esta obra es el estudio cualitativo y epistemológico de Wikipedia como enciclopedia colaborativa y como herramienta caleidoscópica en el proceso de traducción; y una visión plural de Wikipedia en el contexto de la traducción profesional que se formula con el objetivo de documentar narrativas sobre su percepción y su uso por parte de los profesionales.

El hecho de que el objeto de interés sea Wikipedia quizá contribuye a una mayor relevancia de esta reflexión, ya que la enciclopedia colaborativa interesa a numerosas disciplinas, a los medios de comunicación y al público en general. Wikipedia ya ha recibido atención en otros ámbitos, aunque, hasta la aparición de distintos trabajos de autora (Alonso 2012, 2014a, 2015a, 2015b, 2015c), así como de su tesis doctoral (Alonso 2014 b), su estudio no se había abordado desde la Traductología con profundidad. No obstante, dadas las características de Wikipedia, su observación conlleva algunos inconvenientes: por un lado, Wikipedia es un fenómeno cambiante, por lo que cualquier análisis que trate de abordarla corre el riesgo de quedarse pronto obsoleto; y, por otro lado, para muchos todavía resulta un recurso controvertido.

En cualquier caso, el hecho de que esta obra se centre en Wikipedia la convierte en cierta medida en un estudio transdisciplinar, que podría tener ecos o aplicaciones en otros campos y abrir nuevas vías de investigación antes no abordadas.

I. FUNDAMENTOS Y ANTECEDENTES DE WIKIPEDIA Y LA TRADUCCIÓN

Como se ha indicado, este estudio se interesa principalmente por explorar el uso de Wikipedia en el contexto profesional de la traducción porque, hasta que la autora de este libro comenzó sus investigaciones, éste era un campo inexplorado en Traductología. No obstante, antes de entrar de lleno en esa cuestión, es conveniente contextualizar la traducción en el actual paradigma digital y revisar el papel que desempeña la tecnología en la traducción a nivel teórico y práctico. De manera transversal, en esta obra se reconoce la importancia del contexto que rodea al traductor profesional —su *habitus*, en palabras de Chesterman (2007)—, su forma de abordar un encargo, la tecnología que utiliza, sus relaciones con empleadores, agencias, revisores, otros traductores, etc., así como su percepción de la traducción.

Uno de los elementos originales de nuestro estudio, que se ubica disciplinalmente dentro de los Estudios de Traducción, es la incorporación de constructos y consideraciones procedentes de los ámbitos de la Comunicación, la Semiótica y la Sociología (cf. Alonso y Calvo 2015).

Los trabajos de distintos autores —McLuhan (1994[1964]), Echeverría (1994/1999), Castells (1996/2010 y 2001) y Vázquez Medel (2003b y 2008/2009)— permiten contextualizar los impactos tecnológicos que se han producido y se siguen produciendo en el campo de la traducción como una manifestación más de las consecuencias de Internet, la cultura digital y la tecnología en la sociedad actual. La inspiración para incorporar elementos del Transhumanismo al análisis de los fenómenos tecnológicos en la traducción, que constituye uno de los ejes conceptuales de esta reflexión, emana del ensayo de Vázquez Medel «El gran mediodía: sobre la transhumanización» (2003b). En él hallamos las claves necesarias para interpretar la centralidad tecnológica y el carácter colectivo de los procesos de traducción que se producen en la actualidad y que están por llegar. Las tres vías que existen, según esta teoría, para superar el umbral de lo humano y trascender a lo transhumano, son la revolución genética, la tecnológica e informática o la vía colectiva. En nuestra opinión, en el ámbito de la traducción parece factible alcanzar la Transhumanización a través de la tercera vía, es decir, gracias, al «surgimiento de una mente superior, una superinteligencia o superconciencia, como consecuencia de la integración progresiva de las inteligencias humanas individuales» (2003b: 28).

Algunas de las actuales manifestaciones de la Transhumanización de la traducción son la Inteligencia Artificial (IA), los proyectos de traducción automática basados en corpus gigantes de traducciones previamente hechas por humanos o en redes neuronales, o las iniciativas de traducción colaborativa facilitadas por las tecnologías 2.0 y posteriores, *crowdsourcing*, traducción activista, traducción wiki, proyectos de software libre, etc.

Por otro lado, propuestas como las de Lévy (1997) en torno al concepto de inteligencia colectiva, y las de Jenkins *et al.* (2009) —centradas en la cultura participativa— sirven de obertura al análisis de Wikipedia que se realiza en el siguiente capítulo. Asimismo, los estudios sobre la semiótica de la cultura (Lotman 1989), la construcción del imaginario social de Vázquez Medel (2008/2009) y la Teoría de los Polisistemas (Even-Zohar 1990) aportan a nuestro análisis de Wikipedia perspectivas escasamente exploradas con anterioridad.

El interés por documentar el trabajo del traductor en su entorno procede también en gran medida de las lecturas que hemos acometido sobre la Teoría del Emplazamiento (Vázquez Medel 2003c), una propuesta que, a pesar de su complejidad, resulta muy sencilla en su formulación y parte de la idea de que cada individuo es un complejo bio-psico-social que se encuentra emplazado en una triple deixis (la espacial, la temporal y, sobre todo, la personal, que brota del entrecruzamiento del espacio-tiempo). Cada individuo tiene su propio plexo, desde el cual se despliega o se repliega al interactuar con otros (2003c: 30). En palabras del propio autor de esta versátil teoría:

> La Teoría del Emplazamiento articula una nueva pléctica, un conocimiento de y desde los plexos, lugares dinámicos cruzados por líneas de agenciamiento y relaciones múltiples. Cada uno de nosotros tiene su propio plexo: desde él nos desplegamos o nos replegamos. Hay, por tanto, una ética y una estética del despliegue, que tiene que ver con las interpretaciones más feroces de la voluntad de poder (Nietzsche) y una ética y una estética del repliegue, que se aproximan a los procesos de desemplazamiento descritos por la mística o por radicales experiencias poéticas. (2003c: 30)

La alineación de los fundamentos de la Transhumanización de la traducción con las dinámicas descritas en la Teoría del Emplazamiento permite un marco para la observación de los despliegues y repliegues del traductor humano en los procesos de traducción, de los que se dará cuenta en esta obra.

Centrándonos en los Estudios de Traducción, existen numerosos antecedentes que han explorado el impacto causado por las herramientas que usan los traductores a nivel teórico y práctico; seguidamente, mencionaremos los que han sido más relevantes para nuestro estudio (cf. Alonso y Calvo 2015). En las obras de O'Hagan (1996) y Austermühl (2001) se señala por primera vez el impacto de Internet (además de otras tecnologías) en la labor del traductor y en los procesos de traducción. Los trabajos de Pym (2004, 2011 y 2012; Biau-Gil y Pym 2006) tienen el valor de analizar con acierto cómo el uso de las tecnologías en la práctica de la traducción posee numerosas repercusiones en cuestiones asentadas dentro de los Estudios de Traducción que necesitan ser repensadas (*skopos*, competencias, etc.).

Cronin (2010, 2013) analiza el giro tecnológico de la traducción esgrimiendo la importancia de la tecnología digital y la informática ubicua, incorporando además cuestiones sociológicas. Junto con Cronin, Littau (2011) y Byrne (2012) realizan un recorrido histórico por avances como la imprenta y la cultura digital para poner en valor la traducción y las tecnologías como agentes de cambio cultural que se encuentran íntimamente relacionados.

La importancia de la observación etnográfica y de las encuestas como metodología de investigación para estudiar el uso de las tecnologías —no solo específicas de la traducción, sino también genéricas— por parte de los traductores queda patente en los trabajos de Lagoudaki (2006) y Désilets, Melançon, Patenaude y Brunette (2009). Por otro lado, las repercusiones, negativas y positivas, de las tecnologías en el mercado laboral de la traducción han sido de interés para García (2010), van der Meer (2011) y Melby (2012), cuyos trabajos hemos revisado por su gran potencial argumental en torno a esta cuestión.

Desde el ámbito de la Sociología, la obra compilatoria de Wolf y Fukari (2007) y los trabajos de Buzelin (2007) y, desde el Cognitivismo, la propuesta de Risku (2010) nos animaron a proponer con mayor seguridad cuestiones claves de este trabajo, como la consideración de la tecnología a modo de extensión humana, así como la dimensión instrumental y multidireccional de la tecnología como agente del contexto de traducción (cf. Alonso y Calvo 2015).

Respecto al uso y la percepción de Wikipedia en el contexto de la traducción, como hemos señalado, existen escasos trabajos de características similares a esta. En el ámbito de la traducción, los resultados de algunas de las preguntas contenidas en la encuesta realizada por Torres (2012) indicaban el uso de Wikipedia por parte de los traductores como recurso lexicográfico. Con un enfoque cuantitativo, el proyecto de máster de Wang (2011) proponía un modelo basado en tres métricas (Informatividad, Traducibilidad y Densidad) para tratar de medir Wikipedia como fuente de conocimiento extralingüístico por parte de los traductores. El trabajo de Olvera y Gutiérrez (2011), a caballo entre el campo de la Documentación y la Traducción, basándose en la revisión de 165 artículos publicados entre 2000 y 2008, concluía que los tres recursos multilingües tradicionalmente más populares (traductores automáticos, diccionarios y corpora) estaban dando paso gradualmente a otros, como las ontologías y Wikipedia. Por su parte, la encuesta de McDonough Dolmaya (2012) analizaba los perfiles y las motivaciones de los voluntarios que traducían la versión en inglés de Wikipedia.

Existen abundantes trabajos realizados en el campo del Procesamiento Natural del Lenguaje (*Natural Language Processing*, NLP) que tratan de explotar Wikipedia como corpus de conocimiento semántico con distintas aplicaciones, entre otras, la creación de herramientas terminológicas o lexicográficas (Oliver y Climent 2012). En esta misma línea, Aguado de Cea (2013) se ha interesado por explorar la ontología que subyace en Wikipedia, Dbpedia, y sus posibles aplicaciones para traductores y terminólogos.

Desde el ámbito de las Ciencias de la Información y la Documentación, el exhaustivo trabajo realizado por Head y Eisenberg (2009 y 2010) pone de manifiesto que los estudiantes universitarios de los Estados Unidos utilizan Wikipedia con mucha frecuencia para realizar sus trabajos de clase.

No obstante, más allá de estos estudios, la originalidad de esta propuesta es que aborda una revisión cualitativa y crítica del papel que desempeña la tecnología en el ámbito de la traducción y analiza la epistemología de Wikipedia, así como sus posibles usos en el proceso de traducción, incorporando una visión de conjunto que integra a los profesionales de la traducción y tiene en cuenta sus percepciones.

El libro se presenta cuando han trascurrido dos décadas desde el lanzamiento de Wikipedia y existe, por consiguiente, literatura procedente tanto de medios de comunicación de divulgación general, como de publicaciones especializadas, cuya revisión permite observar la historia de Wikipedia ya con cierta perspectiva.

En esta obra ocupan una posición central las narrativas recopiladas a través de los grupos de discusión de traductores profesionales organizados en 2013 que nos prestaron su ayuda y su tiempo y que aparecen recopiladas en el Capítulo IV.

La calidad de la información que hemos obtenido a través de la revisión teórica y los grupos de discusión, y su subsiguiente triangulación, permite componer una rica visión sobre aspectos muy diversos del contexto profesional de la traducción en la sociedad informacional en la década de '2010.

II. UNA INDAGACIÓN TEÓRICA Y BASADA EN NARRATIVAS Y PERCEPCIONES

Los trabajos centrados en la interacción entre la traducción y la tecnología constituyen una de las áreas de investigación dentro de los Estudios de Traducción identificadas por Williams y Chesterman (2002: 14-16) en su obra *The Map*. Más concretamente, estos autores señalan el interés de la investigación centrada en los efectos de la tecnología sobre la forma de trabajar de los traductores, sobre el proceso de traducción o sobre su resultado. Esta obra se ubica metodológicamente en esta área de trabajo identificada por Williams y Chesterman dentro del mapa que proponen para abordar la investigación en Traductología. Su posicionamiento meto-dológico es, por tanto, de carácter hermenéutico, en tanto que persigue interpretar el papel que desempeña la tecnología en general, y Wikipedia en particular, dentro del contexto profesional de la traducción. Se combinan en este estudio la revisión cualitativa y crítica tradicional de las Humanidades y las metodologías etnográficas, habituales en las Ciencias Sociales.

Nuestra aproximación es observacional, descriptiva y exploratoria. Se parte en este trabajo de una hipótesis de una sola variable que es posible formular a modo de obje-tivos. Aunque podemos establecer varios niveles de objetivos, el principal el siguiente:

> Reflexionar sobre el uso y la percepción de Wikipedia como recurso de ayuda a la traducción experta, desde un punto de vista tanto teórico como práctico.

No obstante, este propósito se puede desglosar en una serie de objetivos que abarcan varios niveles:

1. Revisar las propuestas en el ámbito de los Estudios de Traducción que incor-poren una aproximación a la tecnología
2. Analizar las bases epistemológicas de Wikipedia:
   a. Examinar el origen y la trayectoria de Wikipedia.
   b. Analizar la epistemología de Wikipedia, con especial énfasis en su carácter cultural.
3. Explorar las narrativas sobre Wikipedia entre un grupo de profesionales de la traducción:
   a. Establecer un marco teórico y metodológico adecuado para este estudio empírico.
   b. Analizar la experiencia de la muestra de profesionales de la traducción respecto al uso de tecnologías en el proceso de traducción.
   c. Interpretar el uso y la percepción de Wikipedia y de otros recursos y herramientas a la luz de los datos obtenidos.

El esquema de objetivos que acabamos de enunciar refleja parte de los trabajos realizados por la autora en su investigación doctoral (Alonso 2014a y 2014b, 2015a, 2015b, 2015c).

A modo de nota metodológica, debemos mencionar que la investigación en tra-ducción posee sus propias peculiaridades y dificultades. Rojo (2013: 106) explica que, a diferencia de lo que sucede en Ciencias Naturales, las Ciencias Humanas y Sociales, en las que se encuadra la traducción, constituyen sistemas abiertos, condicionados por la propensión de los humanos a sufrir alteraciones físicas y mentales y por su capacidad de provocar cambios en las configuraciones de los sistemas. La investigadora explica el reto que plantea querer aislar una variable y predecir con fiabilidad relaciones de causa-efecto en la investigación centrada en la traducción, por la preponderancia del componente humano, cultural y lingüístico en la actividad traductora:

> El trabajo del traductor está condicionado, entre otros factores, por variaciones indivi-
> duales de tipo físico y emocional, por las variaciones derivadas de las lenguas y culturas
> implicadas en el proceso traductor y por las variaciones impuestas por el contexto profe-
> sional y social en el que se realiza el encargo de traducción. (Rojo 2013: 107)

Para la elaboración del Capítulo III recurrimos a un instrumento cualitativo como son los grupos de discusión. Como es sabido, los grupos de discusión (*focus groups*) son una modalidad de entrevista cuyo valor para la investigación en Ciencias Sociales ha sido puesto de relieve por Robson (2011: 279-290). A pesar de ser un instrumento relativamente flexible, existe cierto consenso en torno a la definición de los grupos de discusión:

> A focus group (sometimes referred to as a focus group interview –which emphasizes the
> fact that this is a particular type of interview) is a group interview on a specific topic which
> is where the 'focus' comes from. It is an open-ended group discussion which the researcher
> guides, typically extending over at least an hour, possibly two or more. (2011: 294)

Concretamente, para este estudio se realizaron dos grupos de discusión, aproxi-madamente de una hora cada uno, en los que participaron un total de cinco expertos del sector de la traducción. Ambas sesiones tuvieron lugar de manera presencial y consistieron en entrevistas semiestructuradas que siguieron la secuencia habitual en estos casos: introducción, calentamiento, cuerpo principal de la entrevista, apa-ciguamiento (*cool-off*) y cierre (Robson 2011: 284-285). La transcripción completa de los dos grupos de discusión, junto con el etiquetado de temas que se trataron en los mismos, es decir, las narrativas de los profesionales de la traducción, se incluye de manera íntegra en el Capítulo IV.

En el Capítulo V «Un debate sobre Wikipedia, de la literatura a la palabra» se conjugan los resultados del análisis teórico (Capítulo II «Wikipedia desde una visión cultural») y del estudio de narrativas de profesionales de la traducción (Capítulo III «Una visión sobre el entorno de la traducción profesional» y Capítulo IV «Profesio-nales de la traducción, su voz en primera persona»).

Capítulo 2
Wikipedia desde una visión cultural

La reflexión que realizamos en este capítulo[1], de naturaleza cualitativa e interpretativa, trata de abordar la epistemología de Wikipedia desde una aproximación transdisciplinar. Para ello, analizaremos la literatura existente centrada en Wikipedia procedente de medios de comunicación generalistas y de distintas disciplinas académicas (Inteligencia Artificial, Ciencias de la Información, Educación y Estudios de Traducción). En dichos trabajos, fundamentalmente de naturaleza descriptiva, empírica y pragmática, se alude a Wikipedia como enciclopedia colaborativa en línea que aúna mecanismos de creación de contenido y de innovación procedentes del software libre. En esta obra reclamamos la pertinencia de recurrir a trabajos teóricos que contemplen la dimensión cultural de Wikipedia. Con este fin, basamos nuestra hipótesis de análisis en el imaginario social de Vázquez Medel y la Teoría de los Polisistemas de Even-Zohar, en los que encontramos claves para la consideración de Wikipedia como sistema cultural, en tanto que repositorio de conocimiento y relaciones humanas.

I. FUNDAMENTOS DEL ANÁLISIS DE WIKIPEDIA

El objeto de este capítulo consiste en desentrañar, al menos en parte, la intrincada epistemología de Wikipedia como evocación del discurso multilingüe, cibernético, multimodal y multidireccional que genera nuestra sociedad mundializada, y se alinea en torno a los conceptos de «inteligencia colectiva», propuesto por Lévy (1997), y de «cultura participativa», enunciado por Jenkins *et al.* (2009).

[1] El contenido de este capítulo forma parte de la investigación doctoral de la autora y reproduce con modificaciones y ampliaciones el artículo: Alonso, Elisa (2015): «Una aproximación a Wikipedia como polisistema cultural», Convergencia. Revista de Ciencias Sociales, 68 (mayo-agosto 2015), 135-149. Agradecemos a la revista y la editorial su generosidad por haber dado su consentimiento y visto bueno a esta nueva publicación.

Wikipedia y sus fundadores, Wales y Sanger, han atraído la atención de los medios de comunicación por distintos motivos, entre otros, por la política editorial de Wikipedia (Waters 2006, Rajan 2009), su acceso abierto (de Vrieze 2012), su neutralidad (Bernstein 2011) o su fiabilidad (McHenry 2004). El debate sobre la calidad o la precisión de los artículos de Wikipedia o su ámbito temático también ha sido objeto de investigaciones de autores como Giles (2005), Chesney (2006), Gorman (2007), así como Halavais y Lackaff (2008). El espectro de disciplinas que se han interesado por Wikipedia también resulta variado. Así, por ejemplo, encontramos destacables contribuciones desde el ámbito de la Inteligencia Artificial (Hovy *et al.* 2013) y desde las Ciencias de la Información y la Educación (Lim 2009, Head y Eisenberg 2010, Aibar y Fuster 2012, Thornton-Verma 2012, y otros), que han contribuido a una mejor comprensión de Wikipedia, su rol en la sociedad y en la educación, así como al desarrollo de distintas tecnologías que explotan sus posibilidades. Desde los estudios históricos, Burke (2012) ha examinado el surgimiento de Wikipedia como una fuente de conocimiento popular y ha analizado los mecanismos de recuperación de información, siguiendo los postulados de la concepción de la política social y del conocimiento de Foucault.

En nuestra opinión, desde las Ciencias Sociales y las Humanidades es posible proponer trabajos cuantitativos y de corte empírico, que ofrecen enormes posibilidades a la hora de investigar fenómenos transdisciplinares como Wikipedia. No obstante, consideramos que también tienen cabida propuestas teóricas, como la que aquí presentamos, cuya naturaleza es cualitativa y explorativa y persigue examinar las bases epistemológicas de Wikipedia.

En primer lugar, realizaremos una revisión del estado de la cuestión de Wikipedia como enciclopedia en línea, y examinaremos su relación con el movimiento del software libre, el *crowdsourcing* y las tecnologías wiki. Posteriormente, abordaremos el análisis de Wikipedia bajo la luz de propuestas ya consolidadas en el ámbito de las Ciencias Sociales, como la Teoría del Polisistema enunciada por Even Zohar (1990) y el imaginario social propuesto por Vázquez Medel (1997, 2008/2009). Así pues, nuestro objetivo específico en este capítulo consiste en determinar en qué medida es posible aplicar ambos marcos conceptuales al caso de Wikipedia, un hecho que, de confirmarse, contribuiría a una mejor comprensión de fenómeno de Wikipedia, así como servir de base cualitativa para investigadores en los ámbitos de la Comunicación, la Sociología, la Educación y la Traducción, entre otros campos.

II. EL ABC DE WIKIPEDIA

Para contextualizar nuestra propuesta, recurriremos a las bellas reflexiones sobre mundialización, comunicación y nuevo humanismo formuladas por Vázquez Medel en 2002 —una fecha en la que, recordemos, Wikipedia apenas acababa de nacer y era un proyecto absolutamente marginal y desconocido—, que parecen aludir a Wikipedia de manera casi profética.

> En este nuevo escenario de Babel se hace más urgente que nunca, no un idioma que anule a los demás, sino instrumentos de transferencia, de traducción, entre las diferentes lenguas, dialectos e idiolectos. No se trata de construir nuevos territorios que anulen o superen a los otros, sino de establecer espacios de desterritorialización, *res nullíus*, tierras de nadie (o de todos) que puedan ser habitadas sin prevalencias ni imposiciones, experimentadas como lugares de tránsito. Hemos de reconstruir y reconstituir el espacio de lo público en el que se ejercite el sentido profundo de comunidad. (Vázquez Medel 2002: 1)

Como trataremos de exponer a continuación, a pesar de la historia relativamente corta Wikipedia, existen numerosos trabajos tanto en el ámbito académico, como en los medios de divulgación general, que ya se han ocupado de la misma. Existe cierto consenso en cuanto a la consideración de Wikipedia como enciclopedia en línea, aunque, como se argumentará seguidamente, observamos algunas características que diferencian a Wikipedia de las enciclopedias tradicionales, como su alcance, nivel de actualización y su modelo de autoría colaborativa. En las siguientes secciones, también examinaremos la relación de Wikipedia con el movimiento del software libre, del que ha tomado el citado modelo colaborativo, el sistema de revisión de contenido, el patrón de innovación de la cultura y el modelo de licencias de distribución abierta. Por último, dentro de esta sección, destinada a analizar el estado de la cuestión de Wikipedia, examinaremos los elementos que configuran su dimensión colaborativa, a saber, la tecnología wiki (como tecnología que hace factible dicha colaboración desde el punto de vista técnico) y el modelo de producción mediante *crowdsourcing* (que convierte la posibilidad técnica en una fuerza de trabajo real, gracias a la movilización de voluntarios).

1. Wikipedia como enciclopedia en línea

La categorización de Wikipedia bajo el género de las enciclopedias (Stvilia *et al.* 2005: 444) puede parecer una obviedad en la actualidad, en parte porque rápidamente nos hemos acostumbrado a las convenciones del estilo wikipedesco. No obstante, como han apuntado Ayers *et al.* (2008), Wikipedia difiere de otras enciclopedias tradicionales en varios aspectos, como su alcance más amplio al incluir artículos especializados y generalistas, su dinamismo y alto grado de actualización, su modelo de autoría colaborativa y el hecho de no ser un proyecto comercial:

> Wikipedia's scope is far greater than previous encyclopedic projects, however. Encyclopedias have traditionally been published as comprehensive guides to some defined area of knowledge. Wikipedia is instead a collection of both specialist and generalist encyclopedias, linked together into an integrated work. Its articles can be updated immediately: Articles are dynamic, and their content can change from day to day or even (in the case of current events) from minute to minute. Wikipedia's huge scale and rapid updating is possible in part because the authorship model is completely different from earlier projects: The idea of the famous author or expert-written article has been discarded.
>
> Finally, unlike earlier encyclopedias, Wikipedia is a noncommercial project, and its content is deliberately licensed so others can freely use it. (Ayers *et al.* 2008: 37)

Como es sabido, Wikipedia es esencialmente una enciclopedia nacida en Internet, un medio del que hereda una serie de características, como su carácter hipermedia y polisistémico, así como su ubicuidad. Resulta evidente que un proyecto nacido y desarrollado exclusivamente en la web, como Wikipedia, no puede ser ajeno a la propia naturaleza del medio en que vive. En el caso de Wikipedia, esta afirmación se constata con contundencia, ya que, más allá de su carácter libre y colaborativo —del que quizá no son siempre conscientes todos sus usuarios— lo que la convierte en un proyecto excepcional son su universalidad y su ubicuidad, características derivadas de su medio: Internet. No debemos olvidar que para consultar o editar Wikipedia basta disponer de un ordenador o dispositivo con conexión a Internet.

Su naturaleza hipermedia, construida gracias al wikitexto —una simplificación de los lenguajes de marcado que se emplea en la tecnología wiki— le confiere una dimensión colaborativa y multimodal, en la que se combinan todo tipo de elementos: discurso hipertextual, imágenes, vídeo y sonido. No se trataría, por tanto, de una enciclopedia aislada, sino que estaría vinculada al resto de la web a través de hipervínculos e indexada —y, por cierto, muy bien ponderada en los logaritmos de búsqueda y recuperación de información— en los buscadores de Internet.

2. **Wikipedia y software libre**

La influencia del movimiento de software libre o de código abierto (FOSS, *Free/Open Source Software*) en Wikipedia resulta evidente, tal como se desprende de las afirmaciones vertidas desde distintas obras inspiradas en FOSS. Así, Feller *et al.* (2005: 486-487) señalan: «From the Open Source movement it [Wikipedia] is considered as a successful application of open source methods and its structural elements to creative production».

Autores como Benkler (2006: 71) han señalado que la incorporación en Wikipedia de algunas de las características procedentes del FOSS —como su modelo de producción y revisión por pares, y su carácter abierto— han contribuido al éxito de la enciclopedia: «The shift in strategy [of Wikipedia] toward an open, peer-produced model proved enormously successful». Siguiendo esta línea, podemos encontrar que existen numerosos elementos procedentes del movimiento FOSS que se han incorporado en Wikipedia y que son además ampliamente visibles. Nos referimos concretamente a su sistema colaborativo de creación de contenido, su modelo de autoría y revisión por pares, la cultura *hacker* y, por último, a las licencias abiertas de distribución y propiedad intelectual.

Respecto al primero de estos elementos —el aspecto colaborativo—, la tecnología wiki y la política editorial de Wikipedia permiten que la creación de contenido se lleve a cabo de una determinada forma, especialmente gracias a voluntarios que trabajan de manera colaborativa. A pesar de que cualquier usuario puede editar

Wikipedia, existe un núcleo de editores o *admins* que tienen mayores competencias que el usuario medio y cuyas decisiones ejercen mayor impacto en la comunidad y en los artículos.

Respecto al modelo de autoría y revisión, Wikipedia incorpora diversos mecanismos para promover diferentes tipos de revisión por pares (*peer review*) que difieren del enfoque tradicional y académico, y que siguen las consignas del movimiento FOSS. Su máxima representación la hallaríamos en el dicho popular formulado por Raymond como la «Ley de Linus» (*Linus's Law*) y que defiende que un producto o texto revisado por muchas personas tendrá menos errores: «Given enough eyeballs, all bugs are shallow» (Raymond 2001: 41). Este posicionamiento ha sido defendido, pero también criticado desde la obra compilada por Feller *et al.* (2005), ya que, por ejemplo, en el caso de proyectos de software libre no existe garantía de que el código vaya a ser revisado de manera exhaustiva por los miembros de la comunidad, ni tampoco existen evidencias de que la revisión por pares sea más eficaz que los procedimientos de depuración de errores habituales en la industria del software, que normalmente siguen un plan trazado y no obedecen a un impulso aleatorio (Feller *et al.* 2005: 117, 128, 144, 285). Ciertamente, la revisión por pares en Wikipedia, al igual que sucede en FOSS, no tiene por qué ser realizada por un experto o por alguien con experiencia, ya que puede ser llevada a cabo virtualmente por cualquiera y obedece a un patrón en gran medida aleatorio.

> Traditional peer reviews require time for individual study of the code followed by a face-to-face review meeting. These activities must be planned and scheduled, in contrast to the continuous and serendipitous nature of open source peer review. (Feller *et al.* 2005: 252)

Las evidentes diferencias que existen entre el modelo de revisión por pares tradicional y la actividad de edición y revisión de Wikipedia, en apariencia azarosa, que se lleva a cabo por parte de los editores de manera voluntaria, los *admins,* y también por parte de determinados procedimientos automatizados o *bots*, abren un espacio para la reflexión en torno a la naturaleza de ambas propuestas. A pesar de que este análisis no es objetivo de este capítulo, a modo de apunte, esbozaremos aquí la idea de que la revisión en Wikipedia podría obedecer, no ya a un modelo de *peer-review*, sino más bien a un modelo de *crowd-review*, en el que una masa, compuesta por agentes humanos y no humanos, estaría modelando Wikipedia a partir de un guion no escrito ni preestablecido.

Además de las tecnologías abiertas descritas en los párrafos anteriores, Wikipedia ha heredado su esquema de innovación del FOSS; nos referimos a la cultura *hacker:*

> Where the general case of applying Open Source methods to other forms of writing has failed, though, there have been some key successes, and there is much to learn from the why and how of such projects. Particularly instructive in this regard is the Wikipedia project (http://wikipedia.org), which brings many of the advantages of modeling culture into a creative enterprise that does not rely on code. (Feller *et al.* 2005: 486)

La cultura *hacker,* representada por el programador Richard Stallman, tiene como objetivo la libre distribución del código fuente del software, algo que va en contra de los restrictivos contratos de distribución o licencia de la mayoría de los fabricantes y creadores de contenido. Sus orígenes datan de la década de los ochenta del siglo pasado, cuando Stallman lanzó el proyecto GNU con el fin de crear un sistema operativo libre, controlado únicamente por voluntarios, con el respaldo de la Free Software Foundation.

Más allá del impacto del movimiento del FOSS en la industria del desarrollo de software y tecnologías de la información, como ha señalado Castells (2003), el modo de producción de la cultura *hacker* instaura un nuevo modelo de innovación que encuentra su razón de ser en la satisfacción personal de quienes contribuyen al proyecto.

> [...] una gran transformación tecnoeconómica necesita un caldo de cultivo en un sistema de valores nuevo que motive a la gente para hacer lo que hace. [...] En la era de la información, la matriz de todo desarrollo (tecnológico, económico, social) está en la innovación, en el valor supremo de la innovación que, potenciada por la revolución tecnológica informacional, incrementa exponencialmente la capacidad de generación de riqueza y de acumulación de poder. Pero innovar no es un valor obvio. Debe estar asociado a una satisfacción personal, del tipo que sea, ligado al acto de la innovación. Eso es la cultura hacker, según Himanen. (Castells 2003: 11-12)

Por último, otra de las características heredadas por Wikipedia del movimiento libre se encuentra en los modelos de distribución y propiedad intelectual por los que se rige, a saber, GNU Free Documentation License y Creative Commons, ambos inspirados en las libertades básicas del movimiento FOSS: libertad para usar el software con cualquier fin, cambiar el software para que cada persona lo adapte a sus necesidades, compartir el software y sus modificaciones, así como asegurar que permanecerá como software libre para todos los usuarios (Free Software Foundation y Smith 2007/2010).

3. **Wikipedia: wikis and crowdsourcing**

La confluencia de elementos que dan lugar a Wikipedia, es decir, tener Internet como medio, la sociedad informacional como contexto y el software libre como estructura y modelo ético, generan lo que Wikipedia es en última instancia: una enciclopedia colaborativa. En esta afirmación constatamos que el elemento diferenciador y novedoso radicaría en una nueva forma de trabajar y generar contenido. Volveríamos a constatar una vez más la vigencia de las palabras de McLuhan, cuando, adelantándose al impacto que provocaría Internet como nuevo medio o extensión tecnológica en nuestras vidas y en la sociedad, afirmó que «el medio es el mensaje» (McLuhan 1964/1994: 7).

La plataforma wiki es la que permite esta dimensión colaborativa. La tecnología wiki fue desarrollada por Ward Cunningham en 1995 y adoptada por Wikipedia desde su creación. De hecho, la tecnología wiki es uno de los elementos diferenciadores de Wikipedia respecto al anterior proyecto enciclopédico de Wales, denominado Nupedia (Rodríguez Herrera 2011: 205-206).

A diferencia de Nupedia, en la que los artículos, una vez escritos, eran sometidos a revisión por pares por parte de profesores universitarios y expertos, la implementación de la tecnología wiki en Wikipedia configuró una plataforma para un proceso de creación de contenido y de revisión de naturaleza colaborativa y simultánea.

No obstante, la tecnología wiki únicamente aporta la posibilidad técnica de colaborar en línea. En nuestra opinión, lo que convirtió Wikipedia en la popular enciclopedia que es hoy día fue la voluntad expresada por Wales (y la Wikimedia Foundation) bajo la forma de una llamada pública, en la que solicitaban la participación de la gente para un proyecto común. En otras palabras, a pesar de que Wikipedia no se define a sí misma como un proyecto de *crowdsourcing*, consideramos que sí contiene muchas de las características atribuidas a este modo de reclutar personal.

En palabras de Howe (2006/2012), quien fue el primero en emplear el término: «crowdsourcing is the act of taking a job traditionally performed by a designated agent (usually an employee) and outsourcing it to an undefined, generally large group of people in the form of an open call». Cabe mencionar que este autor se percató muy pronto de la relación existente entre el *crowdsourcing* y el software libre, así como del hecho de que ambos elementos convergían en Wikipedia:

> The open source software movement proved that network of passionate, geeky volunteers could write code just as well as the highly paid developers at Microsoft of Sun Microsystems. [...] Wikipedia showed that the model could be used to create a sprawling and surprisingly comprehensive online encyclopedia. (Howe 2006/2012)

Parece claro que el modelo de crowdsourcing está presente en Wikipedia, desde el momento en que existe una llamada, en este caso, lanzada por Wikimedia Foundation para solicitar la colaboración de voluntarios con el fin de escribir artículos de Wikipedia. No obstante, Wikimedia Foundation no sería el único iniciador de los artículos de Wikipedia como actos comunicativos, ya que su función principal consiste en proporcionar un sustento tecnológico y económico al proyecto. Los impulsores de contenido de Wikipedia son en realidad aquellas personas que deciden crear, modificar, traducir un determinado artículo, o simplemente solicitar que otras personas lo hagan.

La faceta colaborativa de Wikipedia se referiría más bien a la posibilidad material de que varias personas colaboren en un proyecto común, a la capacidad de editar, crear, revisar o traducir artículos de manera conjunta. La tecnología wiki que subyace en Wikipedia, así como el hecho de que los artículos puedan ser manipulados literalmente por cualquiera, es decir, su carácter abierto, serían los dos elementos definitorios del aspecto colaborativo implícito en Wikipedia.

III. Wikipedia como sistema cultural

En una primera aproximación, la consideración de Wikipedia como un poli-sistema viene determinada en parte por su naturaleza hipermedia y también por su multilingüismo. Cada una de las versiones que existen de Wikipedia en un determinado idioma constituye un sistema que, lejos de estar aislado ni ser fijo, se articula en torno a una macroestructura enciclopédica y multilingüe, un proyecto sociocultural dinámico y de carácter abierto. Como ha señalado Saorín (2012: 11), Wikipedia no puede ser considerada como una única enciclopedia, sino como una red de enciclopedias, una por cada idioma, que se encuentran vinculadas entre sí. En sintonía con esta percepción, existen distintos trabajos en los que se ha examinado la existencia de asimetrías culturales en el contenido y comportamientos diferenciados de las comunidades en las Wikipedias de cada idioma. Así, por ejemplo, en el trabajo empírico de Hara *et al.* (2010), se ha detectado la existencia de comportamientos típicos en las discusiones que tienen lugar en Wikipedia en distintos idiomas. En la misma línea, en la investigación realizada por Rinser *et al.* (2013), se trata de diseñar un sistema eficiente para la identificación de grupos de artículos de Wikipedia que describen las mismas entidades del mundo real. Por otro lado, aplicando técnicas de visualización, Biuk-Aghai *et al.* (2013) han representado mapas de las categorías y temas más colaborativos de Wikipedia en inglés, alemán, chino, sueco y danés. También consideramos oportuno aludir al trabajo de van der Velden (2013), que explora las posibilidades de descentralizar el diseño de Wikipedia, con el fin de adaptarlo a la producción de contenido indígena. Más recientemente, a raíz de la pandemia de COVID-19 y como prueba de la agilidad en la actualización de contenidos de Wikipedia, se han publicado investigaciones sobre cómo afectan los medios al uso de Wikipedia (Gozzi *et al.* 2020), o cómo se produjo el contenido sobre COVID-19 en esta enciclopedia (Colavizza 2020, Zanotti 2021).

Mención especial merece la cuestión de género en Wikipedia. Velasco y Alonso (2021) revisan esta cuestión y documentan que varios trabajos (Graells-Garrido *et al.* 2015, Jemielniak 2016) apuntan que los sesgos de género que contiene Wikipedia se deben a diversos factores que afectan al comportamiento de sus editores —mayoritariamente hombres (Shane-Simpson y Gillespie-Lynch 2017)—, pues este recurso no deja de ser el reflejo de la sociedad que lo produce. No por ello el contenido sesgado es menos pernicioso, ya que incide en los prejuicios de género de los individuos en sociedad (Díaz *et al.* 2020). Es interesante, no obstante, señalar el empeño por parte de Wikipedia y de algunos de sus editores en intentar solventar o, al menos, visibilizar esta brecha de género en sus artículos y en la sociedad. A partir de esta idea surgen iniciativas y artículos interesantes como el meta espacio de Wikipedia sobre la brecha de género. Así, por ejemplo, Díaz *et al.* (2020), basándose en la investigación previamente realizada en inglés por Bolukbasi *et al.* (2016), analizaron mediante redes neuronales un corpus de artículos de la Wikipedia en español de 2006, y desvelaron sesgos de género ocultos en los macrodatos, poniendo especial atención en el nivel semántico. Concluyeron que, mientras los hombres eran presentados como entidades sustantivas en su individualidad, las mujeres, sin embargo, bien estaban vinculadas a conceptos de familia o bien directamente eran omitidas, es decir, no arrojaban resultados significativos según con qué palabras se las relacionara.

Por último, en el ámbito de los Estudios de Traducción también existen trabajos centrados en el estudio de la faceta cultural de Wikipedia. Así, McDonough Dolmaya (2012), a través de una encuesta en línea realizada entre traductores voluntarios de Wikipedia, ha investigado la percepción que tienen los mismos respecto a la traducción que se realiza en un entorno de *crowdsourcing*, concluyendo que su principal motivación es hacer que la información esté disponible para otras personas. Con un enfoque diferente, centrado en explotar las posibilidades de Wikipedia como corpus multilingüe, con vistas por ejemplo a la creación de material lexicográfico, también existen numerosas iniciativas (Adafre y de Rijke 2006, Potthast *et al.* 2008, Jones *et al.* 2008, Schönhofen *et al.* 2008, Adar *et al.* 2009, Nguyen *et al.* 2009, Ye *et al.* 2012, Oliver y Climent 2012). Por su parte, a colación de un proyecto de innovación docente orientado a la mejora de competencias entre el estudiantado de traducción (Caballero y Alonso 2021), Velasco y Alonso (2021) concluyen que la traducción y el género pueden estar íntimamente ligados si se reconoce y se valora la relación que hay entre ellos, como elementos interdisciplinares e interseccionales, algo que se pone de manifiesto en Estudios Feministas de Traducción y que van más allá del debate del lenguaje inclusivo, pues incorporan también la traducción de obras de mujeres, de obras feministas, la labor de las traductoras, y los enfoques feministas y de género en la enseñanza de la traducción

Las propuestas anteriores ponen de manifiesto la percepción de Wikipedia como fenómeno y producto cultural, así como las variadas posibilidades que su estudio ofrece en el campo de las Ciencias Sociales y las Humanidades.

Como esgrimíamos al principio de este capítulo, esta propuesta reconoce el valor de trabajos anteriores y trata de contribuir de algún modo a profundizar en la epistemología y en la naturaleza de Wikipedia. En un ejercicio que sin duda pone a prueba la elasticidad de Wikipedia, seguidamente trataremos de explorar la hipótesis de considerar Wikipedia como un sistema cultural, aplicando para ello el doble prisma que aportan las teorizaciones ya consolidadas de Even Zohar (1990) y de Vázquez Medel (1997, 2008/2009).

El hecho de que hayamos recurrido a estos dos autores para nuestro análisis no implica en absoluto el rechazo de otras aproximaciones. Como hemos aludido antes, esta propuesta debe considerarse como un punto de partida y, de hecho, reclama la pertinencia de repensar Wikipedia, no solo desde aproximaciones pragmáticas, sino también teóricas. Así, por ejemplo, en futuros trabajos creemos conveniente incorporar en este debate una revisión de la concepción de cultura propuesta por Luhmann (1997/2007) en su Teoría de Sistemas Sociales, siguiendo los postulados formulados recientemente por Farías (2014: 86), que contemplan, además de los efectos de los medios de comunicación en la cultura, la importancia de los mediadores materiales en los procesos performativos del mundo. Sin duda, esta vía permitiría contemplar Wikipedia como producto enciclopédico, discurso cibernético y polisistema cultural, pero también contemplar la interacción de los creadores y los consumidores (prosumidores), los artefactos tecnológicos y las dinámicas sociales que la articulan.

4. Wikipedia desde el imaginario social de Vázquez Medel

En 2004, el fundador de Wikipedia, Jimmy Wales, trataba de explicar en qué consistía su proyecto en el transcurso de una entrevista: «Imagine a world in which every single person on the planet is given free access to the sum of all human knowledge. That's what we're doing» (Slashdot 2004).

El hecho de que Wales evoque la metáfora de Wikipedia como suma del conocimiento humano, como sistema de almacenamiento de información, nos transporta a la teoría lotmaniana de la cultura, así como a los postulados del imaginario social enunciados por Vázquez Medel, que seguidamente trataremos de desgranar.

Nuestra hipótesis plantea que Wikipedia puede ser considerada como un repositorio de conocimiento humano y, por ende, como un sistema cultural, ya que uno de los elementos que en opinión de Vázquez Medel domina en la teoría de Lotman es precisamente la noción de memoria o la facultad que poseen determinados sistemas de conservar y acumular información. Vázquez Medel (2008/2009: 8) parte de Lotman para sentar las bases de su «semiótica de la cultura» y la «construcción del imaginario social». En su análisis, observa la repetición de denominaciones existentes en la obra de Lotman para aludir a «cultura»: «sistemas comunicativos», «conjunto de la información no genética», «memoria común de la humanidad o de colectivos más restringidos nacionales o sociales». Además, Vázquez Medel añade que:

> La cultura en tanto que memoria no hereditaria exige, para su propia existencia, otras dos características de extraordinaria importancia: a) su organización sistémica (esta memoria es un sistema: toda cultura necesita, además, unas fronteras sistémicas, se define sobre el fondo de la no-cultura); b) su dimensión comunicacional (cada cultura ha de establecer un sistema de comunicación). Una cultura es, por tanto, memoria, sistema, comunicación. Las variadas dimensiones constructivas de su sistematicidad y los diferentes sistemas de comunicación intra e intercultural serán, pues, dos de los pilares a partir de los cuales se establece una tipología de la cultura. (Vázquez Medel 2008/2009: 8)

En nuestra opinión, Wikipedia además de ajustarse a la categoría de «cultue ras tecno-comunicacionales, electrónicas, virtualizadas» identificada por Vázquez Medel (2008/2009: 10), cuenta con mecanismos comunicativos y organizativos, fundamentalmente ejecutados a través del debate y del consenso de la comunidad. A modo ilustrativo, mencionaremos tres de estos mecanismos: la autoría colaborativa, los debates que se registran en el historial de cada artículo y el procedimiento para eliminar artículos (*Articles for Deletion*).

Respecto al modelo de autoría colaborativa, que tantos y tan apasionados debates ha generado, debemos distinguir que, por un lado, existe una tecnología, la tecnología wiki desarrollada en 1995 por Ward Cunningham y adoptada por Wikipedia en 2001, que permite, *de facto*, la autoría colectiva del contenido de Wikipedia. No obstante, como se ha apuntado en la obra de Ayers *et al.* (2008), el hecho de que el contenido de Wikipedia pueda ser modificado por cualquier persona, no significa que la comunidad de editores que sustenta Wikipedia no adopte, como de hecho sucede, numerosas directrices para garantizar, entre otras cuestiones, la verificabilidad de los artículos que no son producto de investigación original (es decir, que se basan en fuentes publicadas), y que adoptan un punto de vista neutral.

> When people find out that anyone is allowed to add content to Wikipedia, they often assume that any type of content can be added and in any fashion. But in reality, editing and writing on Wikipedia is constrained by a kaleidoscopic array of rules, or policies [...]. Like a traditional encyclopedia, Wikipedia doesn't accept just anything, although its inclusion policies are clearly much broader that those of most encyclopedias. [...] No one in particular has the job of deciding whether an article is suitable for Wikipedia. Rather, contributors submit new pages to the site directly, and they go live immediately without intermediaries. Other contributors then review these articles. Large numbers of new articles are deleted every day, but the new content that conforms to the content policies is kept. [...] These core policies are Verifiability (V), Non Original Research (NOR), and Neutral Point of View (NPOV). (Ayers *et al.* 2008: 11-12)

Además de la tecnología wiki que acabamos de mencionar, Wikipedia posee un modelo de autoría y de revisión empleado en el ámbito académico y también en el movimiento del software libre al que hemos hecho referencia con anterioridad. Nos referimos al *peer-review* o revisión por pares, aunque, como hemos apuntado antes, quizá para ser rigurosos, deberíamos emplear el término *crowd-review* o revisión por parte de la masa, con el fin de hacer patente el hecho de que, en principio, diversos agentes humanos y no humanos pueden revisar un determinado contenido de Wikipedia.

El otro mecanismo al que hacíamos mención antes para la organización y comunicación de Wikipedia como sistema cultural, *Articles for Deletion*, tiene como objetivo garantizar el cumplimiento de las directrices de Wikipedia y se articula en torno a la posibilidad de que un artículo sea propuesto para ser eliminado y que sea la comunidad quien deba alcanzar un consenso, en última instancia, acerca de si se elimina o no.

A modo ilustrativo, aludiremos a los trabajos de los investigadores Stefaner *et al.* (2011), quienes han analizado y visualizado las 100 discusiones más largas en torno a artículos propuestos para su eliminación, que terminaron con la eliminación del artículo. En su investigación, utilizan la metáfora de Wikipedia como un jardín que necesita ser podado, un trabajo del que se encargan muchos jardineros:

> Like a garden, an online encyclopedia needs constant weeding. Unlike a garden, an online encyclopedia has thousands of potential gardeners. Over years Wikipedia has developed guidelines and policies to help editors collectively decide whether topics are suitable for inclusion or not. All articles, especially new ones, are reviewed by the community to determine if they meet Wikipedia's notability guidelines. Any editor can nominate an article for deletion and, if this nomination is legitimate, a community discussion takes place where any fellow gardeners editors have the opportunity to make their voices heard. The usual process is to have a week-long discussion during which community members can discuss in favor or against keeping the article. At the end of this period an administrator reviews the discussion and speaks the final verdict. (Stefaner *et al.* 2011)

Más allá de las directrices y mecanismos que acabamos de mencionar, cabría preguntarse si verdaderamente cualquier persona puede escribir en Wikipedia. Como hemos comprobado, técnicamente es posible, por lo que cabría cuestionarse cuál es el perfil de quienes dedican su tiempo a contribuir a la enciclopedia. En contra de lo que se podría pensar, Wattenberg y Viégas (2010: 186-187) han descubierto que no suelen ser personas anónimas, sino más bien usuarios registrados cuyas acciones quedan registradas en su perfil y que, en consecuencia, asumen la responsabilidad de sus actos. También se ha documentado la existencia de editores activos o muy activos que contribuyen enormemente a Wikipedia. Estos usuarios son muy respetados por la comunidad y, en ocasiones, se convierten en *admins*, es decir, usuarios con capacidad para intervenir de manera más directa en Wikipedia.

Para terminar de concretar la pertinencia o no de reclamar la denominación de sistema cultural para Wikipedia recurriremos a su consideración de «realidad dináмica», tan compleja que parece irreductible, siendo precisamente este uno de los tres principios de todo sistema cultural enunciados por Vázquez Medel (2008/2009: 15). No obstante, entendemos que Wikipedia, en tanto que universo semántico donde se conjugan las lenguas naturales y el mundo natural, podría incluso ser una de las vías para alcanzar la meta última de la semiótica cultural postulada por Greimas y Courtés:

> El proyecto de una semiótica de la cultura (el de J. Lotman, por ejemplo) está llamado, por consiguiente, a convocar el universo semántico —y, principalmente, sus dos componentes macrosemióticos que son la lengua natural y el mundo natural— y a tratarlo como una semiótica-objeto a fin de constituir una metasemiótica llamada 'cultura'. [...] Una tarea de este tipo parece exorbitante porque correspondería a la descripción del conjunto de las axiologías, de las ideologías y de las prácticas sociales significantes. (Greimas y Courtés 1979: 100) (Vázquez Medel 2008/2009: 15)

Llegados a este punto, quizá, la consideración de Wikipedia como sistema cultural y semiótico convergería con las investigaciones que tratan de explorar las posibilidades de la web semántica (Berners-Lee 1998), un movimiento que persigue superar el estado de la web —constituida en el momento de redacción de ese trabajo por datos no estructurados o semiestructurados—, configurando una verdadera web de datos, que estaría caracterizada por la posibilidad de intercambiar datos entre todo tipo de sistemas y la capacidad de que dichos datos fueran comprendidos y procesados por máquinas. La potencialidad de Wikipedia como sistema de sistemas culturales abiertos, tecnocomunicacionales y virtualizados, capaz de conservar información y mantener un registro de las interacciones y comunicaciones entre los distintos agentes, de las decisiones basadas en el consenso dentro de su seno, se postula como un recurso que podría ser catalizador de esa nueva dimensión sociocomunicacional de la web. En el momento de redactar estas líneas, el debate sobre impacto que ya está causando la inteligencia artificial en el conjunto de la sociedad está en plena efervescencia. Lo que en la década de '1990 parecía un objetivo deseable pero inalcanzable es hoy no solo una realidad sino una posible amenaza para los cimientos de la civilización y sus productos culturales a los que se trata de poner freno. Desde el W3 Consortium se insta a reflexionar sobre la comprensión y el manejo de los modelos de aprendizaje automático y la inteligencia artificial en lo que respecta a la web, y se contemplan medidas como los mecanismos de consentimiento para el uso de contenido web, el necesario etiquetado del contenido, y los riesgos en la gestión de datos privados, entre otros (Hazael-Massieux 2024)

5. Wikipedia y la Teoría de los Polisistemas de Even-Zohar

Ante las observaciones que ya hemos apuntado en torno a la naturaleza y la epistemología de Wikipedia, resulta difícil resistirse a la idea de utilizar la metáfora del polisistema aplicada a Wikipedia. Por este motivo, esa es otra de nuestras hipótesis. Seguidamente, analizaremos la Teoría de los Polisistemas y examinaremos en qué medida podemos mantener o debemos rechazar nuestra hipótesis.

Como es sabido, Even-Zohar desarrolla su Teoría de los Polisistemas desde 1969 hasta 2011. No obstante, podemos considerar que sienta las bases de su hipótesis en 1990, en una edición especial de *Poetics Today* (Even-Zohar 1990). En su obra, reconoce, en primer lugar, la gran contribución realizada desde el funcionalismo moderno, al haber introducido la noción del sistema, superando así la consideración de los fenómenos semióticos como meros conglomerados de elementos dispares (Even-Zohar 2007/2011: 1). Gracias a ello, considera que: «El funcionalismo ha alterado profundamente tanto las estructuras como los métodos, las preguntas y las respuestas de todas las disciplinas en que se ha introducido» (2007/2011: 1).

No obstante, Even-Zohar lamenta que los dos programas existentes dentro del enfoque funcional, a saber, el estático (emanado de la escuela de Ginebra) y el dinámico (abanderado por los Formalistas rusos y los Estructuralistas checos), no hayan sabido conjugarse mejor y haya prevalecido —especialmente en la lingüística y en la teoría de la literatura— el enfoque estático (2007/2011: 2).

Su posicionamiento al acuñar el término «polisistema» es más que una mera convención terminológica:

Su propósito es hacer explícita una concepción del sistema como algo dinámico y heterogéneo, opuesta al enfoque sincronístico. De este modo, enfatiza la multiplicidad de intersecciones y, de ahí, la mayor complejidad en la estructuración que ello implica. Recalca además que, para que un sistema funcione, no es necesario postular su uniformidad (2007/2011: 3-4).

Desde nuestra óptica, el carácter dinámico de Wikipedia se ajusta a esta característica del polisistema, al ser un repositorio de información que cambia a lo largo del tiempo, pero que a la vez mantiene un registro de cada uno de sus estados sincrónicos como la foto fija de un instante, de anillo de crecimiento en el árbol del conocimiento humano. Por otro lado, también su naturaleza heterogénea y diversa, surgida de su faceta colaborativa y plurisubjetiva, nos permite mantener la hipótesis inicial.

Even-Zohar recalca que el polisistema abarca las nociones de sistema cerrado y de sistema abierto, es decir, «tanto la idea de un conjunto-de-relaciones cerrado, en el que los miembros reciben su valor de sus respectivas oposiciones, como la idea de una estructura abierta que consiste en varias redes-de-relaciones de este tipo que concurren» (2007/2011: 4).

Siguiendo nuestra argumentación, Wikipedia como enciclopedia, como discurso que se puede leer y que también se puede escribir, hace gala de un carácter ciertamente abierto, tanto, que ha sido considerada en algunos momentos como subversiva. No obstante, las propias directrices de Wikipedia (Punto de Vista Neutral, Verificabilidad, Investigación No Original, *Articles for Deletion*, etc.) permiten a la comunidad ejercer un control férreo sobre la enciclopedia. Por otro lado, esta comunidad de individuos establece variadas relaciones, que no siempre son de igual a igual, sino que podríamos considerar que existe una oligarquía compuesta por los *admins*, que, gracias a sus especiales capacidades y a su prestigio, pueden ejercer una posición dominante en el sistema.

Otra de las características innovadoras de la Teoría de los Polisistemas es su integración de elementos heterogéneos dentro del polisistema y la incorporación de una visión dinámica del mismo, impulsada por las tensiones existentes entre diferentes estratos, así como los movimientos entre centros y periferias:

La heterogeneidad puede reconciliarse con la funcionalidad si asumimos que las unidades (elementos o funciones) que aparentemente son irreconciliables, más que correla-
cionarse las unas con las otras en tanto que unidades (elementos o funciones) individuales,
constituyen sistemas de opciones concurrentes parcialmente alternativos. Estos sistemas no
son iguales, sino que están jerarquizados en el seno del polisistema. Lo que constituye el
estado sincrónico (dinámico) del sistema —ha sugerido Tynjanov— es la lucha permanente
entre varios estratos. Lo que constituye el cambio en el eje diacrónico es la victoria de un
estrato sobre otro. En este movimiento opuestamente centrífugo y centrípeto, los fenómenos
son arrastrados del centro a la periferia, mientras, en sentido contrario, ciertos fenómenos
pueden abrirse paso hasta el centro y ocuparlo. (Even-Zohar 2007/201: 5-6)

Esta noción de polisistema donde existen tensiones entre centros y periferias
ha dado lugar a la aplicación de la teoría de Even-Zohar al ámbito de la traducción
literaria. Ciertamente, es una de las propuestas más fecundas de las últimas décadas
en este campo. No es de extrañar, si tenemos en cuenta que refleja la existencia de
sistemas literarios en distintos idiomas sujetos a tensiones (intra-relaciones, relaciones
dentro del sistema, o inter-relaciones, relaciones entre varios sistemas).

El fenómeno mismo de Wikipedia probablemente puede considerarse periférico, al menos en sus inicios, ya que poco a poco, gracias a las contribuciones
de muchas personas, ha avanzado hacia el centro del macro sistema. Asumiendo
la paradoja del origen periférico de Wikipedia, en tanto que polisistema, también
tiene sus propios centros y periferias. En el centro del polisistema se encontraría
en la actualidad la Wikipedia en inglés, mientras que en la periferia, se hallarían
las Wikipedias en otros idiomas. Es innegable que existen tensiones entre centro y
periferia, que probablemente se plasman en traducciones, en adaptaciones o en el
enriquecimiento mutuo entre los sistemas y entre los individuos de la comunidad.
Resulta muy versátil aplicar la metáfora del polisistema en Wikipedia, ya que evoca
de manera sugerente la idea de distintos sistemas (una Wikipedia por cada idioma)
que están intra e inter-relacionados. Cada una de las Wikipedias puede tener su
propia morfología gnoseológica, de manera que la estructura de sus categorías de
conocimiento no sería simétrica ni igual en todas ellas.

En un segundo nivel de análisis, la aplicabilidad de los conceptos construidos
por Even-Zohar al estudio de las literaturas nacionales, como es el caso de «canon»
en el sentido de normas y obras literarias aceptadas como legítimas por los círculos
dominantes (2007/2011: 7) y de «repertorio» como agregado de leyes y elementos
que rigen la producción de textos (2007/2011: 10), ha contribuido también a la
popularidad de la Teoría de los Polisistemas en el ámbito de la traducción literaria.

En este sentido, los artículos de Wikipedia no serían un repertorio en sí mismo,
sino manifestaciones parciales del polisistema. De la misma forma, en el sistema de
Wikipedia los artículos no desempeñarían un papel en los procesos de canonización,
sino que serían el resultado de dichos procesos.

IV.   WIKIPEDIA, MÁS QUE UNA ENCICLOPEDIA, UN POLISISTEMA CULTURAL

En nuestra opinión, un sistema tan complejo como Wikipedia requiere para su análisis epistemológico de una visión transdisciplinar a la que hemos tratado de contribuir en este capítulo, con el objetivo adicional de suscitar nuevos enfoques y líneas de investigación desde una plétora de aproximaciones, entre las que se encontrarían las Tecnologías de la Información, la Comunicación, la Sociología y la Traducción.

En nuestro interés por tratar de profundizar en la epistemología de Wikipedia, hemos observado que, en su relativamente corta trayectoria y debido a su excepcionalidad, ha recibido la atención tanto de los medios de comunicación, como de distintas disciplinas. Asimismo, hemos revisado trabajos descriptivos sobre Wikipedia, que la definen como enciclopedia en línea, afín con la filosofía del software libre y proyecto colaborativo.

Respecto a la primera de las aproximaciones, Wikipedia comparte con otras enciclopedias tradicionales una base común, pero difiere en otros aspectos, al poseer un alcance más amplio, incluir artículos especializados y generalistas, poseer un mayor dinamismo, un alto grado de actualización, un modelo de autoría colaborativa y el hecho de no ser un proyecto comercial. Además, al ser una enciclopedia nacida en Internet, ha tomado una serie de características de dicho medio, como su carácter hipermedia y polisistémico, y su ubicuidad. Así, la tecnología wiki que le sirve de sustento contribuye a su dimensión colaborativa y multimodal.

En segundo lugar, como hemos apuntado, entre los elementos que vinculan Wikipedia con el movimiento del software libre se encuentran su sistema colaborativo de creación de contenido, su modelo de autoría y revisión por pares, la cultura *hacker* y, por último, las licencias abiertas de distribución y propiedad intelectual que la regulan. De acuerdo con lo que hemos esgrimido, el modelo de revisión de contenido en Wikipedia obedecería no ya a un sistema de revisión por pares o *peer-review*, sino más bien a un modelo de *crowd-review*, en el que intervendría una masa, compuesta por agentes humanos y no humanos.

En tercer lugar, Wikipedia como proyecto colaborativo fue la primera enciclopedia en la que se impuso como elemento diferenciador una nueva forma de trabajar y de generar contenido. Como hemos tratado de exponer, la tecnología wiki es la que permite la posibilidad técnica de trabajar (redactar, revisar, traducir y acordar directivas) de manera colaborativa, mientras que el *crowdsourcing* sería el mecanismo para recabar la participación de numerosas personas y actantes.

En resumen, consideramos que las bases epistemológicas de Wikipedia se asientan en los mismos cimientos que la sociedad informacional, y constituyen una amalgama de presupuestos éticos, modelos de innovación, tecnologías de lecto-escritura colaborativas y nuevos paradigmas culturales. La consecuencia de todo ello es un proyecto sólido y abierto, un repositorio multilingüe de conocimiento y de relaciones humanas.

En cuanto a la hipótesis principal que planteábamos al inicio de este capítulo, es decir, la posibilidad de que Wikipedia pueda ser considerada un sistema cultural, en los sentidos propuestos por Vázquez Medel y Even-Zohar, hemos tratado de apuntar una serie de consideraciones. En primer lugar, la selección de estos dos autores en particular no pretende ser excluyente ni restrictiva y así hemos expresado nuestra intención de continuar explorando esta línea de trabajo a la luz de otros enfoques, que sin duda aportarían valiosos puntos de vista.

Hemos constatado la existencia de trabajos previos, fundamentalmente de corte empírico, que se aproximan a Wikipedia escrutando su dimensión cultural y sus posibilidades como corpus multilingüe. No obstante, hemos observado cierta tendencia al pragmatismo en algunos estudios centrados en Wikipedia, que consideramos que pueden ser complementados o incluso sustentados con trabajos teóricos consolidados como los de Vázquez Medel y Even-Zohar.

Por un lado, el imaginario social de Vázquez Medel, que entronca con la teoría lotmaniana de la cultura, ha sido empleado en nuestro trabajo para explorar la posibilidad de considerar Wikipedia como un sistema cultural, en cuanto que memoria no hereditaria, sistémica y comunicacional. Como hemos esgrimido, Wikipedia responde a los cánones descritos desde la semiótica para los sistemas culturales, ya que posee mecanismos comunicativos ejecutados a través del debate y del consenso de la comunidad, como, por ejemplo, la autoría colaborativa (sustentada por la tecnología wiki y la revisión que hemos denominado *crowd-review*), los debates y el procedimiento para la eliminación de artículos. Hemos esbozado también una futura vía de investigación a partir del concepto de «semiótica de la cultura» que, en nuestra opinión, hace converger la posibilidad de convocar el universo semántico (compuesto por la lengua natural y el mundo natural), que es objeto de estudio de la semiótica, con las posibilidades que suscita la investigación en web semántica.

Por otro lado, como hemos expuesto, la Teoría de los Polisistemas enunciada por Even-Zohar define una serie de características que debe tener todo polisistema, como su enfoque sincronístico y la multiplicidad de intersecciones, abarcando las nociones de sistema cerrado y abierto. Otra de las peculiaridades que, según Even-Zohar, poseen los polisistemas es la integración de elementos no uniformes o heterogéneos, así como una visión dinámica impulsada por tensiones entre diferentes estratos, y entre centros y periferias. De acuerdo con lo que hemos argumentado, Wikipedia es un sistema abierto y dinámico, ya que se perfila como un repositorio de información que cambia a lo largo del tiempo, pero que, gracias a la tecnología wiki, mantiene un historial de cada uno de sus estados. Su faceta colaborativa y plurisubjetiva permite, *de facto*, la existencia de elementos heterogéneos, pero, al mismo tiempo, las directrices que se han desarrollado de manera consensuada garantizan en gran medida el control por parte de la comunidad y sus editores más expertos. Wikipedia, como discurso, reúne los componentes de una transmodernidad diversa y plurisubjetiva, y articula varios sistemas (una Wikipedia por cada idioma) con sus propios centros y periferias, tanto en lo que respecta a su temática, como en el uso o la predilección por uno u otro idioma. Así, la dimensión multilingüe de Wikipedia genera un macrosistema en cuyo centro se sitúa actualmente la Wikipedia en inglés, rodeada por el resto de los idiomas que se extienden en mayor o menor medida hacia la periferia, en función de circunstancias como su peso demográfico, políticas lingüísticas o activismo de sus comunidades. Por último, observamos que Wikipedia, que nació originariamente como proyecto periférico, ha ido adquiriendo una posición central y en la actualidad recibe gran atención por parte de los medios de comunicación y la academia.

Del ejercicio de análisis, comparación e interpretación de carácter cualitativo de este capítulo —y retomando nuestra hipótesis inicial, es decir, si es posible analizar Wikipedia bajo las propuestas de Vázquez Medel y de Even-Zohar—, se podría concluir que sí parece plausible considerar Wikipedia como un polisistema social y cultural, multilingüe y multimodal, cuyos discursos consensuados y colaborativos son a la vez reflejo y creación de la realidad, y que nos ofrece la clave, a modo de Piedra Rosetta, para un eventual redescubrimiento de lo humano, sus discursos y sus significados.

Capítulo 3
Una visión sobre el entorno de la traducción profesional

Este capítulo[2] tiene como objetivo aportar, desde los postulados de la transhumanización de la traducción (Alonso y Calvo 2015), datos cualitativos sobre el entorno profesional de la traducción y las interacciones que se producen dentro del mismo entre agentes humanos y tecnológicos. En este capítulo se da cuenta de una investigación empírica basada en dos sesiones de grupos de discusión organizados en 2013, en los que intervinieron un total de cinco profesionales de la traducción. En las narrativas de dichos sujetos (que se han incluido de manera íntegra, junto con su codificación en el Capítulo IV) quedaba de manifiesto que empleaban gran variedad de herramientas durante el proceso de traducción, tanto genéricas, como especializadas. No obstante, a pesar de que los sujetos parecían cómodamente instalados en el paradigma tecnológico, también aludieron a numerosas interacciones con agentes humanos, fundamentalmente con clientes, gestores de proyectos, colegas y expertos. La naturaleza de estas interacciones con agentes humanos y tecnológicos parecía ser, en líneas generales, positiva. Así, por ejemplo, los sujetos hicieron referencia a determinadas herramientas (Internet, Wikipedia, corpus, foros, etc.) y a algunos agentes humanos (colegas y expertos) como aliados a la hora de afrontar dificultades de traducción. Los resultados de esta investigación parecen apuntar hacia la centralidad de la tecnología en los procesos de traducción, así como al carácter social, cognitivo y colaborativo de la traducción en nuestros días, de todo lo cual daremos cuenta en los siguientes apartados de este capítulo.

[2] El contenido de este capítulo forma parte de la investigación doctoral de la autora y reproduce con modificaciones el artículo: Alonso, Elisa (2014): «Interacciones sociales y tecnológicas en el entorno profesional de la traducción», *Tonos digital: Revista de Estudios Filológicos*, II (27), 1-29. Agradecemos a la revista y la editorial su generosidad por haber dado su consentimiento y visto bueno a esta nueva publicación.

I. Abordaje de un estudio cualitativo

En este capítulo analizaremos, con un enfoque cualitativo, la naturaleza de las interacciones que se producen en el entorno profesional de la traducción entre los diferentes agentes (humanos y tecnológicos) que están presentes en el mismo.

Como es sabido, existen trabajos que han documentado las interacciones entre traductor y tecnologías, empleando distintas aproximaciones metodológicas para ello, como entrevistas, grupos de discusión, encuestas, análisis de foros de traductores, observación etnográfica, etc. (entre otros, Lagoudaki 2006, Désilets *et al.* 2009, Olohan 2011, Torres 2012). Asimismo, encontramos estudios orientados a conocer la naturaleza social y profesional de la actividad de la traducción (entre otros, Mayoral 2001, Gouadec 2005, Monzó Nebot 2006, Risku 2006, Katan 2009, Kuznik y Verd 2010, Dam y Zethsen 2011).

Nuestra propuesta reconoce las aportaciones conceptuales de la sociología de la traducción (Wolf y Fukari 2007), fundamentalmente la constatación de la existencia de las mencionadas interacciones entre los agentes humanos y no humanos que están presentes en la red del traductor (Latour 1987, Buzelin 2005) o en su *habitus* (Chesterman 2007). No obstante, dada la necesidad de analizar estas interacciones atendiendo a la relevancia de la tecnología en el proceso de traducción, el marco conceptual que adoptaremos es el denominado como «transhumanización de la traducción» propuesto por Alonso y Calvo (2015) siguiendo los postulados de la teoría de la transhumanización enunciada por Vázquez Medel en 2003. En el citado paradigma de Alonso y Calvo, se propone la posibilidad de abordar el análisis de la tecnología, desde los Estudios de Traducción, no como un elemento subsidiario, sino central, en los procesos de traducción realizados por humanos.

> Our trans-human translation hypothesis (Alonso and Calvo 2012) refers to an extended cognitive, anthropological and social system or network which integrates human translators and technologies, whether specific to translation or not, and acknowledges the collective dimension of many translation workflows today. A technology-mediated approach envisages technologies in action and interaction with the human, fostering a plethora of instrumental developments, not only as isolated fragmentary tools utterly dominated by the human. The creative and learning dimension of technologies in both directions, from the user to the tool and vice versa, also plays a shaping role in this proposed construct. (Alonso y Calvo 2015)

Para lograr nuestro objetivo aplicaremos una metodología de investigación empírica y cualitativa, basada en grupos de discusión con profesionales de la traducción. Seguidamente, expondremos los principales resultados obtenidos, en los que se pondrán de manifiesto las numerosas interacciones de los profesionales con herramientas (tanto genéricas, como específicas de la traducción), así como con otros agentes humanos (clientes, colegas, expertos, etc.). Al final de este capítulo, trataremos de apuntar conclusiones y futuras líneas de trabajo.

II. NARRATIVAS PARA EL ESTUDIO DEL ENTORNO PROFESIONAL DE LA TRADUCCIÓN

La metodología que seguiremos en esta propuesta es de naturaleza empírica, cualitativa e interpretativa, y se basa en grupos de discusión, es decir, en conversaciones mantenidas con traductores profesionales. La importancia de los grupos de discusión (en inglés, *focus groups*) como método de investigación cualitativo en Ciencias Sociales ha sido defendida por el prestigioso autor Robson (2011:279-290).

Para alcanzar los objetivos antes señalados, en el contexto de una investigación doctoral de la autora, se celebraron dos sesiones de grupos de discusión en mayo de 2013, aproximadamente de una hora de duración cada una, en las que intervinieron un total de cinco profesionales de la traducción, previamente seleccionados para tratar de cubrir un espectro variado de la profesión en cuanto a edad, sexo, experiencia y especialización.

La estructura de las sesiones con los grupos de discusión obedeció a la secuencia habitual descrita por Robson (2011: 284), con una breve introducción por parte de la entrevistadora (filiación, objetivos de la entrevista, confirmación de la confidencialidad y solicitud de permiso para grabar la sesión), una fase de calentamiento (con algunas preguntas introductorias que no supusieran desafíos o amenazas para los entrevistados), el cuerpo principal de la entrevista (cuyo guion expondremos en los siguientes párrafos) y una fase de cierre.

A pesar de que el objetivo general de los grupos de discusión consistía en conocer el entorno profesional de la traducción, también se pretendía examinar el uso y la percepción de Wikipedia en dicho entorno, por ser este el tema de nuestra investigación doctoral y de esta obra. Por este motivo, en el guion de preguntas que aparece a continuación y que utilizamos de manera orientativa y abierta durante las sesiones con los grupos de discusión, se observará el énfasis en Wikipedia. No obstante, los tres primeros bloques de preguntas iban encaminadas a conocer el perfil de los profesionales, su forma de abordar los encargos de traducción, las principales dificultades que encontraban en su trabajo y las herramientas o los recursos a los que recurrían para solucionar dichas dificultades, preguntas de las cuales emanaron argumentos de notable interés para el objeto de estudio de esta obra y que examinaremos en nuestros resultados:

1. ¿Os podéis presentar brevemente, por favor? ¿Cuál es vuestra especialización, años de experiencia, combinaciones lingüísticas, etc.?
2. ¿Cómo abordáis un encargo de traducción?
3. ¿Cuáles son las principales dificultades que surgen en el proceso de traducción y qué recursos utilizáis para solucionarlas?
4. ¿Utilizáis Wikipedia a la hora de traducir? ¿Cómo? ¿Con qué frecuencia? ¿Cómo accedéis a Wikipedia?
5. ¿Qué opinión tenéis de Wikipedia? ¿Os parece útil? ¿Os parece fiable?

6. ¿Sabéis cómo funciona Wikipedia? ¿Sabéis cómo y quién crea el contenido de los artículos?
7. ¿Participáis en Wikipedia de alguna forma?
8. ¿Cuáles son las principales ventajas e inconvenientes de Wikipedia?
9. ¿Creéis que los traductores deberían recibir formación específica sobre Wikipedia?

Siguiendo la metodología de análisis cualitativo de entrevistas propuesto por Soriano (2007: 190-198), se transcribieron las entrevistas, se identificaron las principales categorías de hilos argumentales vertidos por los sujetos y se codificaron mediante etiquetas.

Información recogida durante las sesiones con los grupos de discusión	Categorías de codificación de los datos
1. Perfil de los sujetos	Perf
2. Descripción de cómo abordan los encargos de traducción en las distintas fases: preparación, ejecución y control.	SkPrp
	SkEje
	SkCtrl
3. Dificultades del encargo de traducción	Dif
4. Uso y percepción de las herramientas que utilizan al traducir (para solucionar dificultades)	Herr
5. Uso y percepción de los recursos humanos a los que recurren al traducir (para solucionar dificultades)	Hum
6. Uso y percepción de las herramientas sociales que utilizan al traducir (para solucionar dificultades)	HerrS
7. Uso y percepción de Wikipedia	Wik
8. Censura en torno a Wikipedia	CWik
9. Formación específica sobre Wikipedia	FWik

Tabla 1. Categorización y codificación de los grupos de discusión.

Como se ha señalado con anterioridad, los encuestados fueron seleccionados, no ya con el objetivo de ser representativos de la totalidad de profesionales de la traducción, pero sí bajo el criterio de que pudieran contribuir significativamente con puntos de vista variados y relevantes para nuestro trabajo cualitativo. De nuestras sesiones hemos extraído la siguiente caracterización de sus perfiles:

— S1 (el «traductor senior»): traductor de inglés y español con más de 30 años de experiencia, especializado en traducción jurídica, financiera y técnica.
— S2 (el «traductor docente»): traductor de inglés, alemán y español que realiza traducciones de temática general, técnica o médica; compagina la traducción con la docencia universitaria de traducción e interpretación.
— S3 (la «localizadora freelance»): traductora de inglés y español con 12 años de experiencia, especializada en traducción tecnológica y localización.
— S4 (la «gestora»): traductora de inglés y español, y gestora de proyectos que coordina un grupo de traductores (agencia); posee más de 15 años de experiencia profesional y recibe encargos de índole variada (técnica, localización, seguros, turismo, etc.)
— S5 (la «traductora en plantilla»): traductora de inglés y español con 8 años de experiencia profesional, realiza traducciones de diversos temas.

En el Capítulo IV se ha incluido la transcripción completa de cada grupo de discusión (en adelante, GD), junto con la codificación de las narrativas.

III. LA TRADUCCIÓN PROFESIONAL SEGÚN LOS PROPIOS PROFESIONALES

En los siguientes párrafos trataremos de exponer los principales resultados que hemos extraído de las opiniones expresadas por los sujetos durante las sesiones con los dos grupos de discusión.

En primer lugar, apuntaremos algunos datos adicionales sobre el perfil de los sujetos. A continuación, revisaremos las alusiones que hicieron los sujetos respecto a su forma de abordar el encargo de traducción. Seguidamente, determinaremos las principales dificultades mencionadas por los sujetos y trataremos de categorizar los recursos (tecnológicos y humanos) a los que dijeron recurrir para solucionar dichas dificultades. Prestaremos especial atención al análisis de la naturaleza de las interacciones que mantenían los sujetos con las mencionadas tecnologías y agentes humanos, así como a su percepción de los mismos.

1. Perfil de los profesionales entrevistados

Independientemente de las especializaciones de los sujetos (médica, financiera, tecnológica, turismo, etc.), tres de los cinco sujetos que participaron en los grupos de discusión eran *freelance*, una de ellos era gestora de una empresa de traducción pequeña y otra de las entrevistadas trabajaba como empleada de una empresa de traducción. Como han esgrimido diversos autores (Katan 2009: 118, Kelly y Stewart 2011), la industria de la traducción se caracteriza por una cierta fragmentación, algo que también se pone de manifiesto en la caracterización de los sujetos de nuestros grupos de discusión, donde predominan los profesionales autónomos y la pequeña agencia de traducción.

En esta misma línea, observamos que los sujetos entrevistados compaginaban la traducción con otras actividades afines (revisión, control de calidad, gestión de proyectos, comunicación con clientes, creación de glosarios, gestión terminológica, alineación de textos, gestión y mantenimiento de memorias de traducción) y en ocasiones también con la docencia. Ellos mismos parecen ser conscientes de esta diversificación de actividades dentro de su trabajo cotidiano:

> S4: [...] hago un poco de todo [...] porque aquí todo el mundo hace de todo. (GD 2: 53-54, 335-336)

> S5: No tengo una rama en especial, simplemente me dedico a todo un poco. [...] (GD 2: 67-68)

2. **Cómo se aborda el encargo de traducción**

A continuación, expondremos los resultados obtenidos del análisis de las narrativas o hilos argumentales en los que los sujetos describieron su propia forma de abordar un encargo de traducción.

El traductor senior narró un procedimiento de trabajo bastante metódico en cada una de las fases. Al principio de cada proyecto, por ejemplo, el traductor senior destaca la importancia de registrar los datos del encargo para facilitar su gestión:

> S1: Pero básicamente lo primero es lógicamente abrir una ficha del encargo, tomar nota de toda la información relevante, sobre todo la relacionada con el contacto, con quién tienes que tratar para ese encargo, con quién tienes que tratar para cobrarlo y con quién tienes que tratar en caso de que haya algo que no entiendas o que esté confuso o que esté equivocado simplemente. Eso es lo más importante. (GD 1: 52-61)

De su *modus operandi* destacamos el hecho de que casi siempre utilizaba memorias de traducción (en su caso DéjàVu) y que empleaba la que hemos denominado como «técnica del bucle» durante la fase de ejecución del encargo, cuya principal ventaja radica en que la posterior fase de revisión es muy rápida:

> [...] es una especie de bucle que cada vez se abre más. Empiezas a traducir y de repente decides que tienes que volver al principio otra vez, vuelves al principio, lo repasas todo, avanzas unos metros más, vuelves otra vez para atrás, vuelves a repasar, vuelves a avanzar, es un método de bucle continuo, así dando vueltas y vueltas casi como una ola. (GD 1: 126-133)

El traductor docente señaló que solía recibir sus encargos a través de plataformas virtuales de sus clientes a las que se conectaba con un usuario y contraseña. Parecía mantener relaciones estables con sus clientes, de los que recibía encargos cuya temática conocía de antemano, por lo que no tenía grandes dificultades de partida, de modo que, tras realizar una lectura previa y señalar algunas dificultades, el traductor docente se ponía a traducir directamente.

> S2: [...] lo que hago es con las empresas que más trabajo meterme en la página web y ver si hay algo para mí. Yo entro con un usuario y con una contraseña y me fijo en lo que hay. Ya tengo mi perfil de los textos. (GD 1: 159-163)

En su método destaca el hecho de que utilizaba memorias (SDL Trados Studio) siempre, independientemente de si el cliente lo requería o no. La fase final consistía en leer el documento dos veces, revisarlo mediante el corrector ortográfico de Word y solicitar la colaboración de revisores nativos en el caso de traducción inversa.

La localizadora freelance (GD 2: 84-115) también aludió a las citadas plataformas y al correo electrónico como modo de recibir y gestionar sus encargos y sus comunicaciones con el cliente.

> S3: Pues normalmente suelo recibir mis encargos de traducción bien sea por *e-mail*, por medio de la gestora de proyectos que me lo envía a mí o a mí y a alguno de los compañeros si son traducciones muy grandes, o por un sistema de intranet de alguna empresa que nos asigna las traducciones a diferentes traductores. (GD 2: 84-92)

Además, parecía mantener relaciones estables con sus clientes, de los que recibía además casi todos los recursos necesarios para realizar el encargo (glosarios, memorias y guías de estilo).

> S3: O sea, yo las dificultades a nivel de preparación, la mayoría de mis clientes me dan ya la información a nivel de volumen de palabras y todo eso bastante claro. O sea, que ahí no tengo que buscar nada, a no ser que sea un cliente directo que tenga que hacer yo un análisis, etc. (GD 2: 424-431)

El hecho de trabajar habitualmente para los mismos clientes y que estos le facilitaran la información necesaria, permitía a la localizadora *freelance* ponerse a traducir casi de inmediato: «[…] leer el texto y ver un poquito de qué se trata, y ya empiezo a traducir directamente» (GD 2:106-108). En la fase final del encargo, solía revisar tres veces su propia traducción.

La gestora explicó (GD 2: 154-221) que su forma de abordar un encargo era diferente dependiendo de si el cliente era directo o si se trataba de una agencia grande. Observamos que su visión del encargo de traducción es más amplia que la del resto de entrevistados, que se centraron sobre todo en las tareas de documentación y de traducción. En el caso de trabajar con clientes directos —debido a que estos desconocen las dinámicas de la traducción— la gestora debía dedicar mucho tiempo a la comunicación para tratar de conocer cuáles eran las necesidades reales del cliente; constatamos que se trata de una relación regida por la desconfianza.

> S3: Si se trata de un cliente directo, para mí es muy (…) me lleva mucho tiempo, porque no me fío nada de lo que los clientes (…). Ellos no saben tampoco lo que quieren. Entonces tienes que tener muy claro y dejarles muy claro: «¿Va a haber más versiones del documento?». Tienes que tener una fluidez en el diálogo. (GD 2: 152-181)

En el caso de trabajar con agencias grandes, la gestora también recibía sus encargos a través de plataformas virtuales. Observamos que el uso de estas plataformas, además de aportar ventajas evidentes como la inmediatez de las comunicaciones, también conllevan inconvenientes, como el hecho de que el traductor solo conoce las características del encargo (tema, volumen, etc.) una vez que lo acepta.

> S3: Cuando nosotros traducimos, cuando somos traductores para una agencia grande, bueno todo el mundo (...). Solemos trabajar en portales del cliente. Cada vez es más habitual que el cliente ni siquiera te mande un *e-mail*, muchas veces ni te avisan de que te envían un proyecto, sino que directamente, realmente recibes una pequeña nota por correo electrónico que te dice: «Tienes —ni siquiera viene el número de palabras, ni la fecha— tal proyecto esperándote». Y una vez que entras en el portal, ya ves la fecha, ves si es viable y luchas un poco por a ver si te lo pueden ampliar, dependiendo de la temática. (GD 2: 181-197)

En línea con los problemas que derivan de la gestión de proyectos, constatamos que la gestora incide en varias ocasiones en las dificultades que conlleva la gestión del correo electrónico.

> S4: Ah, ¿dificultades? Por ejemplo, comunicación con los clientes. Yo echo de menos una herramienta que me diga a qué he respondido y a qué no. Os parecerá una tontería, pero yo por la mañana lo que hago es darle a *Reply* a todo y dejar abiertos los mensajes sin escribir y poco a poco entonces voy (...). Entonces muchas veces tengo como 45 mensajes que responder y es complicado. (GD 2: 363-372)

Por su parte, el discurso de la traductora en plantilla parecía centrado en la fase de producción del encargo, preocupándose sobre todo de gestionar el volumen de palabras en el tiempo asignado:

Viendo el recuento que tenemos, intentar calcular los días que necesitamos y tal para saber si es viable el plazo de entrega, si se puede entregar en la fecha que te pide el cliente e intentar eso, hacer un número de palabras al día. (GD 2: 253-259)

3. Herramientas o agentes humanos en el encargo de traducción

Cuando se preguntó a los entrevistados por las principales dificultades del encargo de traducción y las herramientas o los recursos que utilizaban para solucionarlos, el traductor senior hizo referencia, en primer lugar, a cuánto había cambiado la fase de preparación debido a la generalización de Internet, que había traído como contrapartida una nueva dificultad, la de determinar la fiabilidad de las fuentes:

> La verdad es que la fase de preparación, como sabes, ha cambiado mucho en los últimos años con la generalización de Internet y todo eso. Entonces, no hay realmente grandes dificultades en el sentido de que hay información de sobra. Quizá la mayor dificultad, y esa es la que se puede encontrar un traductor con menos experiencia, es la dificultad de distinguir entre las referencias que merecen crédito y las que no lo merecen. (GD 1: 237-247)

Con la salvedad de las dificultades que hemos mencionado con anterioridad, sobre la gestión del proyecto, la mayoría de las alusiones de los sujetos se referían a dificultades de las fases de documentación, traducción propiamente dicha y revisión. En líneas generales, los entrevistados aludieron a las siguientes dificultades:

— Terminológicas
— Documentales (tener una idea general sobre la temática del texto a traducir)
— Comprensión del texto original
— Visualización de lo referido en el texto original
— Traducción propiamente dicha (consultar traducciones de otros u opiniones de otros traductores)
— Comprobar el uso de un término o frase traducido en contexto
— Redacción de la traducción (ortotipografía)
— Revisión de la traducción
— Negociar o consensuar decisiones con clientes o expertos

Debemos señalar que en este trabajo no hemos realizado un análisis cuantitativo de las transcripciones de los grupos de discusión ni nos hemos basado en la lingüística de corpus, ya que consideramos que dichos métodos carecerían de sentido en nuestro caso. No serviría, por ejemplo, realizar un análisis del número de veces que aparece la mención a una determinada herramienta, ya que los usuarios emplearon diferentes denominaciones y, en ocasiones, algunos de sus discursos trataban sobre una determinada herramienta, pero no la nombraban durante su intervención. No obstante, hemos constatado que las herramientas más mencionadas por los sujetos en sus hilos argumentales fueron Internet, los diccionarios y glosarios en línea, los corpus monolingües y paralelos, Wikipedia, las memorias de traducción, los foros (ProZ), el correo electrónico y los portales de comercialización y gestión de traducciones.

De manera específica, del análisis de las narrativas de los entrevistados, podemos extraer la siguiente clasificación, en la que se indican las principales categorías de herramientas, junto con los recursos específicamente nombrados por los sujetos:

Gestión de proyectos	correo electrónico, portales de gestión de traducciones, herramientas de gestión de proyectos, ProjectTest, Dropbox, instrucciones del cliente, bases de datos de queries, Mailbox, móvil
Internet y buscadores	Google, Internet (*Web as a corpus*), buscadores, Google Images, Internet, Yahoo, Internet (*Web for corpus*), Yahoo Images
Corpus	corpus, corpus paralelos, corpus *CREA*, EUR-Lex, PubMed, MedLine
Revisión automática y QA	herramientas de revisión automática, ApSIC Tools, QA Destiller
Procesadores de texto	corrector de Word, Word
Gestión de memorias, terminología y alineadores	memorias de traducción, Trados, DéjàVu, alineadores, MultiTerm
Diccionarios, glosarios, bases de datos terminológicas, guías de estilo y enciclopedias	Wikipedia, glosarios, diccionarios electrónicos, glosarios de Microsoft, *Diccionario de la lengua española*, *Diccionario panhispánico de dudas*, *Manual de ortotipografía* de Martínez de Sousa, guías de estilo, *Encyclopaedia Britannica*, diccionarios especializados, diccionarios monolingües, diccionarios *online*, *Collins*, *Webster*, Fundéu (Fundación del Español Urgente)
Recursos o herramientas sociales	ProZ, foros, Skype

Tabla 2. Herramientas y recursos empleados en el proceso de traducción según los sujetos.

En las siguientes secciones del capítulo analizaremos, mediante ejemplos ilustrativos extraídos de los grupos de discusión, las herramientas y los agentes humanos que merecieron mayor número de alusiones por parte de los sujetos de nuestro estudio.

A. *Internet, buscadores y Google*

Google fue el nombre de herramienta más mencionado por los sujetos, con la excepción de Wikipedia, a la que la entrevistadora dedicó varias preguntas específicas. Los entrevistados realizaron numerosas alusiones a los buscadores, a Internet y a Google como herramientas para documentarse, como punto de partida.

S1: [...] y en primer lugar intentas encontrar —hoy día a través de Internet, antes a través de las bibliotecas y de los documentos de referencia que teníamos a toneladas en el despacho— intentas encontrar documentos muy similares. (GD 1: 88-94)

E: ¿Hacéis los demás también búsquedas en Google?
S3: Muchas.
S4: Yo en Google nunca, yo en Yahoo. Simplemente por buscar en otro sitio, porque sé que las demás buscan todas en Google. Entonces yo siempre, por crear más variedad. Todos: <risas>. (GD 2: 536-544)

Los sujetos demostraron tener un manejo avanzado de los buscadores, ya que nombraron procedimientos para acotar los resultados, como, por ejemplo, entrecomillar las palabras de búsqueda o utilizar elementos de búsqueda avanzada para limitar los resultados a un país, a instituciones universitarias, etc.

S1: Normalmente las búsquedas que hago son de frases o de expresiones entre comillas para tener una cosa más precisa. [...] hago bastante revisión de traducción inversa y en ese caso incluso utilizo la coletilla esta de «site:uk» o cosas así, incluso «ac.uk» cuando busco referencias universitarias específicas, y eso ayuda mucho también a acotar la búsqueda. (GD 1: 481-491)

S3: O sea, filtrando la búsqueda, que no sea exactamente Google.es, sino resultados «de España». (GD 2: 632-634)

Los sujetos hicieron numerosas referencias al uso de Internet y Google como corpus, es decir, para comprobar el uso de un término o frase en contexto, con frecuencia para comprobar si una propuesta de traducción aparecía recogida entre los resultados del buscador y con qué frecuencia.

S5: Pero bueno, yo después hago mis búsquedas en Google y tal, para ver si realmente esa traducción se utiliza o está aprobada. (GD 2: 532-535)

Los sujetos también describieron, aunque con menor frecuencia, el uso de la web para la creación de sus propios corpus.

S1: Utilizo algunos [corpus paralelos] de Internet, pero la mayor parte de las veces me los tengo que fabricar a base de alinear textos y cosas así. (GD 1: 553-555)

También debemos destacar que otro de los nombres de herramientas más nombrados fue Google Images. En este sentido, los entrevistados parecían valorar positivamente el hecho de poder visualizar conceptos o procedimientos, para comprender mejor el texto origen y producir una mejor traducción.

S4: Nosotros usamos mucho Images.
S3: Google Images.
S4: Muchísimo.
S5: <asiente>
S3: También.
S4: El visualizar eso, que necesito visualizarlo para expresar bien el acto que tiene que hacer el usuario es muy complicado y para eso el Images es muy útil. (GD 2: 767-786)

Por último, merece destacarse una narrativa verbalizada por la gestora de proyectos y confirmada por la traductora en plantilla: el hecho de que las traductoras justificaban a veces ante los clientes sus decisiones de traducción basándose en los resultados de Google y de Wikipedia, porque dichos clientes los consideran resultados fiables, fuentes respetables.

> S4: Sí, tanto Wikipedia como Google. Te pongo un ejemplo, hace 2 días nos dicen que «paquete de vacaciones» no, sino «vacaciones combinadas». Y le digo yo al cliente: «No, vacaciones combinadas, no, paquete de vacaciones». E inmediatamente me dice el cliente: «Es verdad, viene en Wikipedia y he encontrado 38.000 hits en Google». [...] Que al final en realidad pueden más los hits de Google o lo que aparezca en Wikipedia que tus criterios de lingüista especializado en un idioma. (GD 2: 598-615)

B. *Wikipedia*

La primera cuestión que debemos señalar es que en los dos grupos de discusión los sujetos trajeron a colación el tema de Wikipedia *a motu proprio*, es decir, que Wikipedia surgió espontáneamente en la conversación, aunque, posteriormente la entrevistadora realizó preguntas adicionales centradas en Wikipedia para determinar su uso y percepción por parte de los entrevistados. En un primer momento, los sujetos aludieron a Wikipedia como una herramienta que empleaban para solventar sus dificultades de traducción.

S2: Wikipedia, por ejemplo, que está tan vapuleada, yo lo utilizo deliberadamente como referencia. (GD 1: 317-319)

> S3: [Busco] En Google mucho. Yo también tiro de Wikipedia.
> S5: Sí, sí, también, también.
> S3, S4, S5: <risas>. (GD 2: 553-556)

Los sujetos parecían ser muy conscientes de las limitaciones de Wikipedia (fundamentalmente, de su falta de fiabilidad), pero eso no era un obstáculo para que la utilizaran con mucha frecuencia:

> E: ¿Con qué frecuencia dirías tú, S3, que usas Wikipedia, la usas a diario?
> S3: A diario, sí, sí, sí.
> S4: Sí, a diario, y además hemos donado y todo ¿eh?
> S5: Sí, también, a diario. (GD 2: 928-933)

Los entrevistados narraron que utilizaban Wikipedia con distintos propósitos durante el proceso de traducción, fundamentalmente documentales, terminológicos, para identificar fuentes fiables sobre un tema, para visualizar las imágenes asociadas con un término o idea y para negociar las decisiones de traducción con terceros.

Respecto a la utilidad de Wikipedia como recurso documental, los sujetos dijeron acudir a la enciclopedia como un primer acercamiento a una dificultad de traducción (comprensión del texto a traducir o alguno de sus elementos). Debemos puntualizar que casi inmediatamente después de describir este uso, los sujetos aludían a la necesidad de contrastar esa primera solución que extraían de Wikipedia con otras fuentes consideradas por ellos más fiables:

> S2: Lo que pasa es que lo que hago con el resultado de Wikipedia después es buscarlo y documentarme sobre lo que encontré en Wikipedia para confirmarlo. (GD 1: 495-500)

Sobre la utilidad de Wikipedia para solucionar dificultades terminológicas, los sujetos indicaron que consultaban la enciclopedia para obtener candidatos a términos en el idioma de destino y también para confirmar el uso de un determinado término en el idioma de destino. Con este fin, los sujetos empleaban lo que podemos denominar como «la técnica de alternar versiones» y que consiste básicamente en que, una vez encontrada la entrada o término en un determinado idioma de Wikipedia, el sujeto cambia a la versión de Wikipedia en otro idioma.

> S2: [Sobre Wikipedia] Como referencia está muy bien, incluso a veces con nombres. […] Entonces voy jugando con español, con alemán (…)
> S1: Sí. (GD 1: 459-466)
>
> E: Has dicho antes que pasas de una versión de un artículo de un idioma a otro. ¿Haces ese cotejo dentro de un mismo artículo?
> S2: Sí, sí, sí, en Wikipedia, eso lo hago en Wikipedia para ver si lo que yo busco realmente es lo que yo creo que busco, entonces, sí. (GD 1: 522-528)

Los sujetos indicaron que esta técnica no siempre daba resultados satisfactorios, debido a que los artículos no son idénticos en todos los idiomas, existiendo asimetrías de las que los entrevistados parecían ser conscientes:

> S1: No, porque además la redacción en cada idioma es un poco independiente. Yo a veces me he encontrado esa triste sorpresa de buscar una cosa muy puñetera muy puñetera que no sé dónde encontrar y me la encuentro en un fantástico artículo en inglés y digo: «¡Ah! Le doy a español y ya lo tengo». Y le doy a español y sale otro artículo diferente, que habla de lo mismo, pero no es el mismo artículo <risas>. (GD 1: 587-596)

Además, algunos sujetos expresaron los riesgos que conlleva confiar sin reservas en la técnica de alternar versiones en Wikipedia y cierta reprobación o censura para aquellos traductores que lo hacen.

> S3: Y busco en Wikipedia también para hacerme, para la idea general. Luego no lo utilizo como una herramienta de traducción, que mucha gente a lo mejor te dice: «Pues en Wikipedia esto está en inglés, ¿a ver cómo está en español?». Claro, eso es un peligro, pero para saber más o menos del tema, también tiro de Wikipedia. (GD 2: 573-581)

Algunos entrevistados hicieron referencia a la utilidad de las fuentes que suelen aparecer al final de los artículos de Wikipedia que parecían consultar para identificar recursos o terminología fiables sobre un tema.

> S1: [Sobre Wikipedia] Porque es una referencia además muy importante. Wikipedia a veces no es tanto el texto, sino las referencias que salen al final. (GD 1: 430-431)

S3: Sí, en Wikipedia para documentarme, para saber de qué va un tema. A lo mejor utilizo las fuentes de Wikipedia del artículo para ya buscar más terminología que para mí sea más fiable. (GD 2: 643-647)

En línea con la utilidad de herramientas como Google Images antes descrita, debemos mencionar que la localizadora *freelance* también utilizaba Wikipedia para poder comprender mejor el texto de origen o alguno de sus elementos, gracias a la visualización de las imágenes contenidas en Wikipedia.

S3: [...] yo también suelo utilizar más Google Images para eso, pero lo bueno que tiene Wikipedia es que si buscas lo que sea en inglés, no sé, si el texto fuente es en inglés, puedes ver la imagen relacionada con el texto y a mí eso me ayuda, porque veo la imagen y veo la explicación. Entonces eso me ayuda a ver: «¡Ah!, pues mira, sí, esto significa esto». (GD 2: 793-902)

Para terminar con la enumeración de usos que los sujetos daban a Wikipedia, tal como hemos señalado en el apartado anterior, algunos de ellos indicaron que, a la hora de justificar sus decisiones de traducción ante clientes, además de Google, utilizaban Wikipedia, por ser un recurso que goza de gran popularidad y respeto entre los usuarios y ser una herramienta globalizada:

S4: Tú le dices a un cliente «Viene en Wikipedia» y te dice «¡Ajá!», lo respetan. (GD 2: 563-564)

S4: Y aunque sea mentira, se convierte en verdad al ponerlo en Wikipedia, con lo cual se convierte en verdad universal. (GD 2: 913-915)

En líneas generales, los entrevistados valoraban positivamente la herramienta, sobre todo su utilidad a la hora de traducir.

E: [...] ¿qué utilidad crees que tiene Wikipedia para tu trabajo como traductora siendo 5 lo máximo?
S3: Yo creo que como 2´5-3.
S4: Para mí, mogollón, 3.
S5: Sí, 3 también. (GD 2: 1026-1031)

S1: En ese sentido la Wikipedia para mí suple un poquito la función que hacía la *Encyclopaedia Britannica*, que fue una de mis primeras inversiones. (GD 1: 535-539)

E: En tu caso, S4, ¿qué opinión te merece?

S4: ¿Wikipedia? ¿A ver qué sería el mundo sin Wikipedia? [...] ¿Si yo podría seguir desempeñando mi labor del mismo modo sin Wikipedia? Yo creo que sí, pero sí que también en muchas ocasiones me llevaría más tiempo llegar a lo mismo. (GD 2: 881-902)

Entre las características más positivas de Wikipedia, los entrevistados mencionaron su fácil acceso, su rapidez e inmediatez, el hecho de estar siempre disponible, su elevado grado de actualización, su extensa cobertura temática, la gran cantidad de información que posee, su carácter multilingüe y el hecho de ser una herramienta global respetada por los clientes.

S3: Es que además Wikipedia ahora, como enciclopedia online, es que es realmente, no sé, es la que te ofrece más información. Yo lo comparo a veces con Google, es como el Google de las enciclopedias. La inmediatez que decía S4, que está todo muy actualizado de forma muy rápida y el gran volumen de información que tiene y en tantos idiomas. (GD 2: 903-912)

A pesar de las características positivas de Wikipedia y su utilidad para el traductor, los sujetos también eran muy conscientes de sus limitaciones, entre las que destacaban la incertidumbre sobre la fiabilidad de los artículos (sobre todo, debido a su modelo de autoría abierta y colaborativa), su extensión excesiva, el hecho de que en ocasiones los artículos fueran traducciones, así como la menor calidad de los artículos en determinados campos.

E: ¿Qué elementos os parecen menos positivos de Wikipedia, más negativos?
S3: La falta de (...), la incertidumbre de si es fiable o no.
S3, S4, S5: <asienten>
S5: Exactamente, porque por lo demás...
S3: La autoría. (GD 2: 1032-1038)

S4: Los artículos son muy largos y para nuestra investigación terminológica tenemos más o menos estipulado que no podemos perder más de 2 minutos en un término. (GD 2: 1939-1043)

S5: Sí, en la versión española es verdad que falta a veces —no siempre, pero en muchos casos—, es verdad, intentando buscar un término que aparece la entrada en inglés, y después la versión en español no aparece. Esto es porque parece que la traducción la resumen o simplemente redactan lo más esencial del término o de lo que sea. (GD 2: 1095-1103)

S4: [...] Yo me fijo más en Wikipedia, no sé por qué, cuando es algo de ámbito social. A lo mejor medicina no tengo abierto Wikipedia, pero algo más social, demográfico, geográfico, sí que lo tengo ahí abierto, depende de la temática. (GD 2: 824-830)

Por concluir nuestro análisis sobre la percepción de Wikipedia, consideramos oportuno destacar algunos comentarios vertidos por los sujetos que podrían evidenciar la existencia de censura o autocensura en cuanto al uso de Wikipedia. Concretamente, nos referimos al intercambio de opiniones que se produjo entre el traductor senior y el traductor docente, quienes, a pesar de haber expresado que utilizaban Wikipedia, señalaban que no se debía citar, al no ser una fuente «académica».

S2: [...] pero bueno nunca lo cito evidentemente para que nadie se me tire al cuello <risas>. (GD 1: 468-469)

S2: Ni siquiera lo cito yo Wikipedia. No lo cito ni siquiera una sola vez.
E: Y, tú S1, en cuanto a la fiabilidad ¿cuál es tu posicionamiento?
S1: Yo en esto estoy igual. Incluso cuando (...) <risas> cuando ves estudiantes de la universidad que en sus pequeños ensayos y esas cosas citan Wikipedia, a mí se me ponen los pelos de punta. Es que no debes citarlo. La Wikipedia no tiene entidad académica para ser una fuente de referencia.
S2: <asentimiento> (GD 1: 687-699)

Esta falta de sintonía entre el uso y la percepción de Wikipedia por parte de algunos entrevistados quizá podría tener su explicación en el hecho de que los sujetos son conscientes de las limitaciones de la enciclopedia, pero, a pesar de ello, la utilizan con mucha frecuencia, al haber constatado la utilidad de la misma para solucionar dificultades de traducción.

> S2: Y yo conozco profesores que realmente le tienen directamente tirria a Wikipedia. Y yo no se la tengo, porque a mí me ha ayudado muchísimas veces, innumerables veces, para llegar a la primera fase de investigar un término, de orientación. Para mí ha sido súper útil. (GD 1: 718-724)

> S5: Tampoco es 100% fiable, pero bueno, ya tú te encargas después de realizar comprobaciones. Pero bueno, la verdad es que muchas veces a mí me ha salvado más de una traducción que no encontraba. Sobre todo la rapidez. (GD 2: 860-865)

C. *Otras herramientas y recursos*

En el transcurso de nuestras conversaciones los sujetos aludieron a la necesidad de utilizar muchas otras herramientas y recursos, tanto específicos de la traducción, como genéricos. Los corpora (monolingües, bilingües, multilingües, paralelos o alineados) y las memorias de traducción parecían ser algunas de las herramientas favoritas de los sujetos.

> S1: EUR-Lex te da una información fantástica, porque eso sí es un verdadero corpus paralelo y además multilingüe. Y muchas veces, cuando estoy muy atascado con un término, paso por varios idiomas. Con el alemán no me atrevo mucho, pero con el francés <risas>. (GD 1: 560-566)

> S2: Pero el corpus paralelo para mí es básico, porque es el hábitat de lo que estamos buscando, del objeto. (GD 1: 581-583)

> S1: Entonces la información de esos corpus te entra directamente en tu aplicación de DéjàVu y la puedes utilizar ¿sabes? Y eso es un terreno que quiero empezar a explorar ya pronto, porque conozco gente que la está utilizando y está encantada con eso. (GD 1: 654-659)

Debemos señalar que los sujetos parecían acudir en primer lugar a los recursos que proporcionaba el cliente (glosarios, memorias y guías de estilo) y, cuando no podían solucionar alguna dificultad de este modo, recurrían a glosarios y diccionarios en línea y bases de datos terminológicas, aunque no siempre los consideraban fiables.

> S3: Durante la fase de traducción, las herramientas que suelo utilizar son las memorias del cliente. Algunas veces tengo acceso a esas memorias por la base de datos de ellos, por su portal, como estamos diciendo, y otras veces tengo las memorias yo del cliente, porque tengo acceso a ellas por Dropbox o lo que sea; compartimos la memoria y puedo consultar la información allí, o los glosarios. O sea, casi toda la información, casi todas las dificultades lingüísticas las suelo solventar con la información del cliente, tanto memorias, como glosarios, como guías de estilo. Y luego, por supuesto, otro tipo de dificultades lingüísticas, con diccionarios electrónicos, corpus, con lo que sea, dependiendo del tema, pero básicamente así. (GD 2: 431-450)

S3: Casi siempre cuando tengo dificultades de traducción, suele ser porque no estoy entendiendo bien, por lo que sea, el inglés. Entonces suelo consultar qué es lo que estoy traduciendo, por ejemplo, cualquiera —*Collins*, *Webster* o cualquiera de estos— lo consulto para enterarme bien de qué es la traducción. Y ya a nivel de terminología especializada, pues ahora mismo no te puedo decir, pero bases de datos, listas que tengo de bases de datos terminológicas, que, dependiendo del tema de la traducción que sea claro. (GD 2: 461-474)

Debemos subrayar, además, el hecho de que los sujetos aludieron a recursos tradicionales de instituciones como la RAE o Fundéu, que consideraban como fiables.

S4: Pues depende. Cuando es algo técnico, siempre están los glosarios de Microsoft, que están ahí libres para que todo el mundo acceda. He aprendido mucho de los becarios. Los becarios tienen una lista de diccionarios online impresionante que yo he ido adaptando, de los cuales yo muchas veces no me fío nada. He buscado mucho en la RAE listas de países (…). La RAE es para nosotros una referencia y el *Panhispánico de dudas* también.
S3: Fundéu también, el corpus CREA. Para mí el corpus CREA para dudas lingüísticas (…)
S4: Luego cuando hacemos control de calidad y cosas así, pues tenemos aquí nuestro Sousa y esas cosas también las utilizamos. Y el *Manual de ortotipografía* y esas cosas. (GD 2: 486-514)

Los foros de traductores también parecían encontrarse entre el repertorio de herramientas de nuestros sujetos. A pesar de que eran conscientes de sus limitaciones y falta de fiabilidad en muchos casos, los sujetos parecían utilizarlos cuando no sabían cómo abordar una dificultad, para tener una pista inicial que luego contrastaban con otras fuentes.

S1: Por ejemplo, y no sé si es correcto señalarlo expresamente en esta ocasión, pero yo a veces cuando realmente estoy bloqueado con un término o con una expresión, pues la pongo en Internet entre comillas y pongo al lado la palabra mágica: «ProZ». Y entonces me lleva a un montón de compañeros que se han tropezado con esa misma piedra anteriormente y han tratado de resolverlo. (GD 1: 247-256)

S5: No sé (…), a título personal me suelo meter en portales de traductores, ProZ, y tal para realizar consultas. Después si veo una definición de un término o la traducción de un término, tampoco me fío 100% de lo que dicen. Pero bueno, yo después hago mis búsquedas en Google y tal, para ver si realmente esa traducción se utiliza o está aprobada. (GD 2: 526-535)

Para terminar con la revisión de herramientas mencionadas por los entrevistados, debemos hacer mención a un recurso especializado al que, hasta la fecha, no se ha prestado demasiada atención en trabajos similares anteriores, nos referimos a las herramientas de revisión automática.

S5: Sí, y, bueno, programas también para hacer QA también es interesante, ¿no? hablar (…)
S4: Sí, claro también a la hora de tener un glosario del cliente lo cotejamos automáticamente.
S3: ¿Con ApSIC Tools?
S4: No, nosotras (…)
S5: Sí, también.
S4: También tenemos ApSIC Tools, pero solemos trabajar con QA Destiller. (GD 2: 583-593)

Por último, subrayaremos una notable omisión, ya que en ninguno de los dos grupos de discusión se hizo mención a la traducción automática (en adelante, TA) ni la postedición. Con ello no queremos decir que estas tecnologías no formaran parte del repertorio de herramientas del traductor en la fecha de realización de las entrevistas. Al contrario, pensamos que en el perfil de nuestros sujetos (fundamentalmente *freelance*) puede estar la causa de esta omisión. La hipótesis que barajamos en su momento fueron (i) que los *freelance* siguen percibiendo la traducción automática como una amenaza a su trabajo y prefieren no mencionarla, (ii) que no es una de sus tecnologías favoritas a pesar de aumentar la velocidad de traducción, (iii) que existe rechazo por las tarifas que se aplican a la postedición, (iv) que no consideraron oportuno mencionarla o (v) que olvidaron hacerlo. Desde mediados del siglo xx, la automatización de la traducción ha sido uno de los objetivos más perseguidos por la Inteligencia Artificial, la Informática y las industrias de la lengua, con el fin de eliminar lo que se consideran, desde algunos ámbitos de la sociedad, barreras a la comunicación global. Sin embargo, los profesionales de la traducción en muchos casos han percibido las herramientas de TA más como enemigas que como aliadas, porque su implementación no ha sido, a nuestro juicio la adecuada, y ha conllevado en algunos casos un empeoramiento de las condiciones de trabajo. Las escasas menciones a la TA parecen ser una declaración de intenciones que expresa reticencias hacia dicha tecnología por parte de los sujetos entrevistados.

D. *Agentes humanos en el proceso de traducción*

Ya hemos hecho referencia con anterioridad a las tensiones de algunos sujetos respecto a la gestión de proyectos y la comunicación con los clientes. No obstante, los entrevistados mencionaron otras interacciones más positivas con especialistas, compañeros traductores, revisores y también con clientes, que trataremos de ilustrar seguidamente.

Los especialistas parecían ser un recurso habitual para al traductor senior y el traductor docente, sobre todo, a la hora de ayudarles a comprender el texto de origen y, en alguna ocasión, encontrar términos equivalentes.

> S2: […] y me encanta consultar con especialistas, lo hago deliberadamente, porque no me falla nunca, sí. No me falla nunca. Si es de, no sé, de un texto automotriz, no sé, preguntarle a alguien que tenga idea, algún ingeniero electromecánico o civil, no sé. Siempre trato de resolverlo con un especialista, porque, a pesar de lo que uno piensa, se suelen alegrar mucho cuando viene un traductor interesado en un texto de los que ellos mismos generan o suelen leer y tengo una experiencia fantástica. De hecho, sobre todo en medicina es donde más he resuelto cosas con especialistas. (GD 2: 327-341)

Los sujetos de nuestros grupos de discusión parecían mantener buenas relaciones con sus compañeros de profesión (traductores y revisores), a los que acudían, por ejemplo, para consultar dudas terminológicas o para solicitar la revisión de compañeros más expertos o nativos.

> S4: Nosotras como trabajamos en equipo, hacemos nuestra búsqueda personal y, si vemos que la duda no se solventa, para mí la ayuda más grande es Skype, que tenemos creado un grupo entre todas y ponemos: «Tal, ¿qué os parece eso?». Y son cuatro o cinco cabezas pensando sobre el término y siempre llegamos a un consenso y nos ayudamos unos a otros. (GD 1: 475-483)

> S2: Y si llega a ser inversa, bueno generalmente se lo pido algún nativo para que lo lea, que, bueno, yo tengo un par seleccionados y me gusta siempre antes de entregarlos. (GD 1: 207-211)

> S4: A no ser que, una vez que empecemos, veamos que es algo muy especializado, que, por ejemplo, es médica. Pues le pedimos a un compañero que sabemos que ya ha traducido para esta cuenta: «Échale un vistazo a lo que yo termine, por favor». Para asegurarnos de que va en coherencia con lo que hemos hecho anteriormente. (GD 2: 336-344)

Por último, en los grupos de discusión también encontramos evidencias de interacciones en las que unos traductores actuaban como prescriptores de otros, recomendándoles, por ejemplo, herramientas y nuevas formas de abordar encargos de traducción.

> S1: Hay otras ocasiones en las que he probado métodos que me aconsejan mis compañeros, pero que no van con mi personalidad desgraciadamente. Consiste básicamente en cargar el ordenador. (GD 1: 135-139)

> S1: Entonces la información de esos corpus te entra directamente en tu aplicación de DéjàVu y la puedes utilizar ¿sabes? Y eso es un terreno que quiero empezar a explorar ya pronto, porque conozco gente que la está utilizando y está encantada con eso. (GD 1: 654-659)

IV. Interacciones sociales y tecnológicas en la traducción profesional

Del análisis de las transcripciones de las dos sesiones que tuvieron lugar con nuestros dos grupos de discusión parece apuntarse hacia determinadas tendencias. Se constata, en primer lugar, la gran variedad de interacciones que se producen en el entorno profesional de los sujetos con todo tipo de agentes, tanto humanos como tecnológicos.

De manera más específica, se puede apreciar que la naturaleza de las interacciones que mantenían los sujetos con las herramientas era, en líneas generales, positiva, ya que consideraban dichas herramientas como aliadas a la hora de solucionar las dificultades de la traducción. Asimismo, en línea con trabajos anteriores, los sujetos parecían sentirse muy cómodos utilizando todo tipo de herramientas, tanto genéricas, como especializadas.

Entre las herramientas genéricas más utilizadas por ellos destacan Internet en general y Google (por ser el punto de partida para solucionar cualquier dificultad y para documentarse), los foros (por su capacidad de mostrar opiniones y estrategias de traducción) y Wikipedia (por su utilidad, a pesar de las incertidumbres acerca de su fiabilidad); mientras que entre las herramientas y recursos específicos de la traducción más utilizados se encontrarían los corpora (monolingües y bilingües), diccionarios, glosarios y bases de datos, memorias de traducción y herramientas de gestión de proyectos y revisión automática.

La naturaleza de las interacciones con agentes humanos sería también positiva de manera general, sobre todo con colegas de profesión y especialistas.

Debemos señalar que dos de las herramientas genéricas más destacadas por los sujetos, Google y Wikipedia, podrían tener la entidad, según lo indicado por algunos sujetos, de herramientas de consenso, es decir, que, al ser recursos globales, permitirían negociar decisiones de traducción con terceros (por ejemplo, clientes, especialistas y colegas). No obstante, encontramos posiciones polarizadas respecto a Wikipedia, ya que, algunos sujetos, poniendo de manifiesto cierta autocensura respecto a la enciclopedia, indicaron que, a pesar de que la utilizaban, nunca la citaban.

Consideramos oportuno señalar una omisión importante respecto a las herramientas utilizadas por los sujetos; nos referimos al hecho de que en ninguno de los dos grupos de discusión se hizo mención alguna a las herramientas de traducción automática ni a la postedición, aunque esto podría obedecer a las preferencias de los profesionales *freelance* que predominaban en los grupos de discusión.

Es interesante constatar la flexibilidad que ha permitido el marco teórico de la transhumanización de la traducción a este estudio basado en grupos de discusión. No cabe duda de que la traducción es una actividad instalada en el paradigma tecnológico, pero no por ello deja de ser social y colaborativa. En la misma línea, hemos constatado que estos sujetos utilizaban las herramientas y recursos de su entorno de manera intuitiva y muy similar a la que utilizarían sus propias extensiones cognitivas y sociales, como, por ejemplo, la capacidad memorística, siendo esta una consideración también implícita en la citada teoría.

Para terminar, consideramos que este estudio cualitativo contribuye a conocer mejor cómo es el entorno profesional de la traducción y las interacciones que tienen lugar dentro del mismo. Asimismo, los resultados de los que damos cuenta en este capítulo apuntan tendencias con capacidad de servir como base cualitativa para otro tipo de investigaciones, como las de corte experimental o cognitivo, las centradas en el desarrollo de herramientas lingüísticas o las encuestas orientadas a recopilar las opiniones de un mayor número de sujetos. De hecho, la propia autora, partiendo de estos datos, llevó a cabo en 2015 una encuesta que recabó la participación de más 400 profesionales de la traducción, sobre el uso y la percepción de Wikipedia y otras herramientas y recursos dentro del entorno de la traducción profesional (Alonso 2015a).

Capítulo 4
Profesionales de la traducción, su voz en primera persona

I. **T**RANSCRIPCIÓN Y CODIFICACIÓN DEL GRUPO DE DISCUSIÓN **1**

Grupo de discusión 1
Fecha: 28/05/2013
Lugar: Sevilla (España)
Medio: en persona
Duración: 52'

[Introducción: bienvenida y explicación de los objetivos y la dinámica de la sesión por parte de la entrevistadora]

1   Entrevistadora: El tema de esta reunión, el
2   motivo por el que os he convocado aquí es
3   para conocer vuestra opinión sobre el tema
4   de esta investigación. El tema general sería:
5   los traductores de la Sociedad de la
6   Información. Entonces, quizá para empezar,
7   si os parece, os podeis presentar de manera
8   libre. Si quieres comentar, entre otras
9   cuestiones, por ejemplo, vuestros años de
10   experiencia profesional, si realizáis otra
11   actividad profesional además de la
12   traducción, vuestras combinaciones
13   lingüísticas y especialidades o qué tipo de

14   encargo soléis recibir. Adelante, S1.

15   S1: Bueno, mi nombre es S1, soy traductor

16   desde 1979 y también traductor jurado del

17   inglés. No tengo, o mejor dicho, tengo una

18   especialidad más o menos definida que es la

19   traducción jurídica y financiera, pero aparte

20   de eso he tocado otras muchas áreas de la

21   traducción, especialmente la traducción

22   técnica, en el terreno de la ingeniería

23   mecánica, la construcción, obras públicas,

24   arquitectura, aerogeneradores y todo eso.

25   E: Muy bien.

26   S1: Si quieres puedo añadir que detesto la

27   traducción médica y que hago cualquier

28   esfuerzo por no tener que traducir nunca ese

29   tipo de temas <risas>.

30   E: Muy bien, muchas gracias. ¿S2?

31   S2: Investigador y profesor también. Una de

32   mis especialidades es la traducción médica

33   <risas> y otras especialidades de la sanidad.

34   Los binomios con los que suelo trabajar son

35   del inglés y del alemán al español. A pesar

36   de ser traductor jurado hago muy pocas

37   cosas de traducción jurada. Y como resumen

38   (…).

39   E: ¿Cuál es tu actividad principal?

40   S2: ¿Principal? Investigar y dar clases,

41   desde hace algunos años.

42   E: ¿Y qué tipo de encargos sueles recibir?

43   S2: Últimamente generales, no

44   especializados. Técnicos, sobre todo.

45   E: Muy bien. Bueno, ahora me gustaría

46   conocer algo más acerca de vuestra forma de

47   trabajar. ¿Cómo abordáis vosotros un

48   encargo de traducción desde que se recibe el

(15-24)
Perf
S1 se presenta como un traductor de inglés con mucha experiencia, especializado en jurídica, financiera y técnica.

(26-29)
Perf
S1 expresa su rechazo por la traducción médica.

(31-37)
Perf
S2 está especializado en traducción médica y trabaja con los idiomas inglés, alemán y español.

(39-44)
Perf
S2 tiene como actividad principal la docencia y la investigación; indica que recibe sobre todo encargos de traducciones no especializadas y técnicas.

49 encargo hasta que se entrega?

50 S1: En eso hay pocas reglas fijas, porque

51 depende mucho del ánimo del día, de todo

52 eso, el *mood,* ¿eh? Pero básicamente lo

53 primero es lógicamente abrir una ficha del

54 encargo, tomar nota de toda la información

55 relevante, sobre todo la relacionada con el

56 contacto, con quién tienes que tratar para ese

57 encargo, con quién tienes que tratar para

58 cobrarlo y con quién tienes que tratar en

59 caso de que haya algo que no entiendas o

60 que esté confuso o que esté equivocado

61 simplemente. Eso es lo más importante. Una

62 vez que tienes la ficha, pues ya te pones a

63 trabajar y lo primero que haces es examinar

64 el texto, a ver hasta qué punto estás

65 familiarizado con la temática y con el

66 lenguaje del texto. Si es un tema que has

67 hecho muchas veces y con el que estás

68 plenamente familiarizado, simplemente te

69 pones a traducir. Y ahí la elección también

70 que debes hacer es entre traducir

71 directamente en Word si es un texto cortito,

72 simple y sin mayores problemas, o recurrir a

73 un programa de traducción asistida, en mi

74 caso DéjàVu. Y siempre cuando ves que es

75 un texto de cierta extensión, donde va a haber

76 necesidad de controlar muy especialmente la

77 terminología, aunque no sea un texto

78 repetitivo, basta con que sea un texto muy

79 extenso que te obligue a un control fuerte de

80 lo que estás escribiendo. Una vez que eliges

81 eso, te pones a traducir sin más. Si se trata

82 de un documento con un lenguaje con el que

83 no estás tan familiarizado, entonces la

SkPrpp

Herr

Dif

(52-80)
S1 describe las principales tareas de la fase de preparación del encargo: gestión (ficha del encargo), inspección del texto, selección de herramientas (Word o DéjàVu), identificación de dificultades y búsqueda de documentación.

84   inmediata es empezar a buscar

85   documentación, es lo primero. Haces una

86   lectura rápida del texto, una lectura por

87   encima para orientarte respecto a dónde

88   pueden estar las dificultades principales y en

89   primer lugar intentas encontrar —hoy día a

90   través de Internet, antes a través de las

91   bibliotecas y de los documentos de

92   referencia que teníamos a toneladas en el

93   despacho— intentas encontrar documentos

94   muy similares. Por ejemplo, si estás

95   traduciendo un informe anual o un informe

96   de no sé (…) un informe de impacto

97   ambiental o cualquier cosa de esas, hay

98   muchas referencias que puedes encontrar

99   por ahí de empresas importantes que los

100   publican anualmente. Tanto empresas

101   españolas, que siempre es una referencia, no

102   para copiarlos, evidentemente, porque

103   muchas veces te encuentras con que no están

104   para copiarlos desgraciadamente, pero sí por

105   lo menos para saber con qué problemas se

106   han tropezado tus compañeros anteriormente

107   con textos similares y procurar no caer en

108   los mismos errores. Pero también hay

109   muchísima documentación que puedes

110   encontrar en Internet de empresas de

111   cualquier país que está traducida al español,

112   si son empresas españolas. El caso de

113   empresas españolas que traducen al inglés

114   también es una información muy útil y muy

115   interesante. Y con todo eso pues ya te

116   preparas tus referencias básicas. Te aseguras

117   de que tienes los glosarios adecuados o de

118   que tienes medios de consultar esos

119   glosarios y te pones a traducir. Ahí hay

SkPrp / **Herr**

(89-93)
S1 destaca el cambio que se ha producido, debido a la aparición de Internet, a la hora de documentarse.

SkPrp / **Herr** / **HerrS**

(94-115)
En la fase de preparación del encargo, si no conoce el tema, S1 realiza una búsqueda exhaustiva de documentos similares al TO o corpus paralelos para identificar estrategias de traducción y para no caer en los mismos fallos de otros compañeros traductores.

SkPrp / **Herr**

(115-119)
S1 indica que, también en la fase inicial, prepara sus referencias básicas y comprueba los glosarios y medios que necesita para el encargo.

120	varios enfoques posibles. El mío suele ser
121	pararme en cada charco. No tengo
122	estrictamente un criterio de rentabilidad o de
123	aprovechar, de optimización del tiempo o
124	algo de eso, sino que prefiero ir trabajando
125	de una manera que yo diría que es una
126	especie de bucle que cada vez se abre más.
127	Empiezas a traducir y de repente decides
128	que tienes que volver al principio otra vez,
129	vuelves al principio, lo repasas todo,
130	avanzas unos metros más, vuelves otra vez
131	para atrás, vuelves a repasar, vuelves a
132	avanzar, es un método de bucle continuo, así
133	dando vueltas y vueltas casi como una ola.
134	Y, por supuesto, esa opción no es demasiado
135	rápida. Hay otras ocasiones en las que he
136	probado métodos que me aconsejan mis
137	compañeros, pero que no van con mi
138	personalidad desgraciadamente. Consiste
139	básicamente en cargar el ordenador. Es
140	decir, tú ponte a escribir, escribe aunque sea
141	de manera muy imprecisa, pero escribe. Y si
142	tienes que traducir 50 páginas, escribe las 50
143	páginas, y luego ya empieza el proceso de
144	corregir, revisar y todo eso. Eso está bien
145	desde el punto de vista psicológico, porque
146	te da la impresión de que ya lo has hecho,
147	pero en realidad no has hecho nada <risas>,
148	porque hay tantas cosas que corregir luego
149	que a lo mejor no te trae cuenta. Yo prefiero
150	otro sistema, que es un sistema que requiere
151	quizá un poco más de paciencia, pero vas
152	consolidando lo que vas haciendo y al final
153	la última revisión es muy fácil y muy rápida.
154	Y esto es básicamente todo.

SkEje

Dif

SkCtrl

(115-154)
S1 reconoce la existencia de varios enfoques a la hora de traducir y señala que él se detiene en cada dificultad («charco») y sigue un sistema de bucle: traducir, retroceder, revisar lo traducido y avanzar un poco más. Es consciente de que su método quizá no es el más rentable, pero prefiere producir traducciones consolidadas, en lugar de borradores que luego tendría que revisar. Indica que la ventaja de su método es que la fase de revisión es muy rápida.

Hum

(135-144)
S1 narra que mantiene comunicaciones con otros compañeros de profesión (traductores) y que entre ellos comentan distintas formas de abordar los encargos.

155 E: Muy bien, muchas gracias. S2, ¿cuál es tu
156 forma de trabajar?
157 S2: Bueno, como me estoy dedicando más a
158 investigación y a docencia en estos últimos
159 años, lo que hago es con las empresas que
160 más trabajo meterme en la página web y ver
161 si hay algo para mí. Yo entro con un usuario
162 y con una contraseña y me fijo en lo que
163 hay. Ya tengo mi perfil de los textos. No
164 hago lecturas previas, porque todo eso se
165 hace con el primer y el segundo encargo de
166 traducción. Así que ya voy a los textos. Yo
167 sé con lo que me voy a encontrar
168 generalmente, así que nada, es bajármelos,
169 leerlos, anotarlos. Cuando anoto voy
170 poniendo comentarios del tipo «Bueno, esto
171 no sé ahora cómo lo resolvería, pero esto
172 hay que investigarlo». Entonces nada,
173 cuando empiezo a trabajar, empiezo a
174 traducir y cuando me voy encontrando con
175 anotaciones o con comentarios, ahí es donde
176 me detengo. Y ¿qué más? Suelo trabajar con
177 Trados, incluso cuando el encargo no me
178 pide que trabaje con Trados. Me gusta
179 guardar todo en memoria de traducción. Una
180 de mis líneas de investigación es la
181 traducción, así que siempre tengo algún
182 glosario al que echarle mano y, si no, me
183 gusta hacérmelos mucho (…). Me gusta
184 trabajar progresivamente, no me gusta
185 traducir lo que no puedo resolver en el
186 momento y avanzar. Me gusta detenerme,
187 porque sé que me puedo encontrar con un
188 montón de términos luego. Aparte, uno los
189 intuye (…) cómo va a venir el texto cargado

(159-167)
Herr

S2 declara que recibe sus encargos a través de plataformas virtuales, a las que accede con un usuario y contraseña. Como suele trabajar con las mismas empresas y tipos de textos, la fase de preparación es muy breve en su caso.

(166-172)
Dif

SkPrpp

En la fase de preparación del proyecto, S2 realiza una lectura previa del texto e identifica dificultades que marca mediante comentarios.

(176-183)
SkPrpp

Dif

S2 afirma que utiliza siempre memorias de traducción (Trados), así como glosarios que, en ocasiones, elabora él mismo.

190	de términos luego. Entonces prefiero
191	resolverlos y ya los tengo resueltos todas las
192	otras veces que me aparezcan. A veces hago
193	búsquedas y digo: «A ver, esto que tardé
194	media hora en resolver, ¿cuántas veces
195	aparece en el texto?». Y voy viendo si me
196	trae beneficio o no el haberme detenido. Si
197	aparece una sola vez, a veces elijo seguir si
198	me está dando mucho trabajo resolverlo y
199	digo: «Bueno, luego lo resolveré». Hacer dos
200	lecturas antes de (…), depende de las
201	dimensiones del texto evidentemente, pero
202	un par de lecturas me suele gustar hacer
203	antes de entregarlo. Entre la primera y
204	segunda lectura pasar un corrector de Word.
205	No sé, es tan automático que estoy
206	intentando no olvidarme de nada. Sí, y con
207	la última lectura, eso. Y si llega a ser
208	inversa, bueno generalmente se lo pido
209	algún nativo para que lo lea, que, bueno, yo
210	tengo un par seleccionados y me gusta
211	siempre antes de entregarlos. Y creo que
212	(…)
213	E: Muchas gracias.
214	S2: No sé si fui muy escueto, pero bueno.
215	E: Muy bien, muchas gracias. Bueno, los
216	dos habéis mencionado básicamente tres
217	fases, que son además la que se suelen
218	reconocer dentro de los Estudios de
219	Traducción: una fase de preparación, una
220	fase de ejecución del trabajo y una fase de
221	revisión o de control.
222	S1: <asentimiento>
223	S2: <asentimiento>
224	E: Me gustaría saber en cada una de estas

SkEje

Dif

(183-199)
S2 señala que, por lo general, durante la fase de ejecución, prefiere ir resolviendo las dificultades que encuentra al traducir, en lugar de dejar las dudas para el final. Por otro lado, al igual que S1 hizo con anterioridad, S2 alude a la existencia de la «intuición» del traductor que, en este caso, le ayuda a prever las dificultades terminológicas que tendrá un determinado texto.

SkCtrl

Herr

Dif

Hum

(199-212)
S2 describe la fase final, o de control, de un proyecto, en la que suele realizar dos lecturas de la traducción, utiliza el corrector ortográfico de Word. También subraya que en el caso de traducción inversa, suele recurrir a revisores nativos.

225   fases, porque habéis mencionado también

226   (...) S1 hablaba de los «charcos» y, S2, tú

227   hablabas de las «dificultades» que había

228   quizá en algún momento del encargo,

229   ¿cuáles son esas dificultades que soléis

230   encontrar en un encargo y qué herramientas

231   o qué recursos utilizáis para solventarlos? Si

232   os parece, nos podemos detener en cada una

233   de las partes: la fase de preparación o

234   recepción del encargo. S1, en esa fase

235   primera ¿qué dificultades sueles encontrar y

236   a qué recursos acudes para solventarlas?

237   S1: La verdad es que la fase de preparación,

238   como sabes, ha cambiado mucho en los

239   últimos años con la generalización de

240   Internet y todo eso. Entonces, no hay

241   realmente grandes dificultades en el sentido

242   de que hay información de sobra. Quizá la

243   mayor dificultad, y esa es la que se puede

244   encontrar un traductor con menos

245   experiencia, es la dificultad de distinguir

246   entre las referencias que merecen crédito y

247   las que no lo merecen. Por ejemplo, y no sé

248   si es correcto señalarlo expresamente en esta

249   ocasión, pero yo a veces cuando realmente

250   estoy bloqueado con un término o con una

251   expresión, pues la pongo en Internet entre

252   comillas y pongo al lado la palabra mágica:

253   «ProZ». Y entonces me lleva a un montón de

254   compañeros que se han tropezado con esa

255   misma piedra anteriormente y han tratado de

256   resolverlo. En el 90 por ciento de los casos

257   las soluciones son incorrectas, pero a veces

258   hay un brillante 10 por ciento que, o bien es

259   la solución correcta, o bien te pone sobre la

SkPrp

SkEje

Dif

Herr

HerrS

(237-272)
S1 vuelve a incidir en
el impacto ejercido por
Internet en la actividad
del traductor. Señala que
existe gran abundancia
de información y que en
la actualidad la dificultad
radica (sobre todo para los
traductores menos expertos)
en distinguir los recursos
fiables de los que no lo son.
Como ejemplo, alude a las
búsquedas que se realizan
en foros de traductores
(ProZ), cuya fiabilidad es
variable.

260 pista correcta. Eso es lo que digo, que a lo

261 mejor un traductor que no tenga todavía

262 suficiente experiencia se puede confundir y

263 se puede creer que aquello, porque

264 simplemente ha recibido 5 puntos de

265 aprobación de otros compañeros, de otros

266 pares, es bueno. Y no, ha recibido 5 puntos

267 porque casualmente las personas que han

268 entrado allí a mirarlo tampoco tenían una

269 idea muy clara de aquello y casualmente, a

270 lo mejor el que lo sabía, ese día no miró

271 <risas>. Ahí hay que tener cuidado de

272 distinguir entre lo que vale y lo que no vale.

273 Y luego en otro tipo de referencias pasa

274 igual. Si te encuentras un documento, y

275 estoy pensando a lo mejor en textos incluso

276 de organismos internacionales. Los

277 organismos internacionales suelen tener

278 textos que son digamos oficiales, de la casa,

279 traducciones que son oficiales para ellos y

280 luego otro montón de traducciones que

281 hacen en delegaciones, sucursales, oficinas

282 de otros países y todo eso, que no son los

283 textos oficiales. Entonces a veces buscando

284 una ayuda, vas a parar a un texto que no es

285 el texto oficial, pero tiene la apariencia o

286 una cierta apariencia de serlo porque

287 procede de un sitio web que lleva el logo del

288 organismo. Entonces te crees que ese es el

289 bueno y a lo mejor ese no es el bueno. Y a lo

290 mejor resulta que, por decir algo, pues lo

291 han hecho en Honduras o en Guatemala y

292 está muy localizado para Honduras o

293 Guatemala, pero no te valdría para otro país

294 de habla española a lo mejor, porque se ha

(273-297)
S2 describe procesos de búsqueda de *Web as a Corpus*; indica que la dificultad señalada antes (determinar la fiabilidad de los recursos) también se produce en el caso de contenido publicado en sitios web de empresas u organismos internacionales, cuya fiabilidad es variable y, en ocasiones, puede estar excesivamente adaptado a un *locale*.

Dif

Herr

55

295 hecho por la sección local del organismo allí

296 y para consumo interno exclusivamente. Eso

297 es otro de los casos que te puedes encontrar.

298 No sé, quizá vamos un poco alternando ¿no?

299 Para no hacernos pesados <risas>.

300 S2: No (…). Yo lo que suelo hacer cuando

301 me encuentro con una dificultad, como

302 decíamos antes, es meterme en foros.

303 Perdón, antes de eso en bancos

304 terminológicos si hay alguno o algún

305 glosario especializado. Después me gusta

306 meterme en foros. Después me gusta mucho

307 trabajar con corpus paralelos, de hecho, con

308 corpus paralelos me gusta más trabajar que

309 con foros, porque me doy cuenta por mí

310 mismo y no entro en la nube de «Bueno,

311 ¿pero esto estará bien resuelto, mal

312 resuelto?». Y el corpus paralelo a mí la

313 verdad es que me da bastante confianza y

314 siempre teniendo en cuenta que las fuentes

315 van a ser fuentes documentales fidedignas, y

316 no una fuente documental, ¿yo qué sé? (…)

317 Wikipedia, por ejemplo, que está tan

318 vapuleada, yo lo utilizo deliberadamente

319 como referencia.

HerrS	**(300-316)** S2 relata que, para solucionar las dificultades de traducción, hace uso de variados recursos (bancos de datos, foros, glosarios especializados y corpus paralelos).
Dif	
Herr	

Wik	**(317-319)** S2 menciona, por primera vez durante esta sesión, Wikipedia. Lo hace *a motu proprio*, sin que la entrevistadora le haya preguntado expresamente por este recurso. S2 expresa que utiliza deliberadamente Wikipedia para solucionar sus dificultades de traducción, a pesar de ser una fuente vapuleada por algunos
CWik	

320 S1: Sí, yo también.

321 S2: Pero eso no quiere decir que lo use

322 luego como una fuente documental válida,

323 pero sí como referencia lo suelo usar mucho.

324 Y después me encanta como última etapa —a

325 ver, ya he dicho lo de los foros, glosarios

326 especializados si se trata de técnica o

327 científica, de corpus paralelos— y me encanta

328 consultar con especialistas, lo hago

329 deliberadamente, porque no me falla nunca,

330 sí. No me falla nunca. Si es de, no sé, de un

331 texto automotriz, no sé, preguntarle a

332 alguien que tenga idea, algún ingeniero

333 electromecánico o civil, no sé. Siempre trato

334 de resolverlo con un especialista, porque, a

335 pesar de lo que uno piensa, se suelen alegrar

336 mucho cuando viene un traductor interesado

337 en un texto de los que ellos mismos generan

338 o suelen leer y tengo una experiencia

339 fantástica. De hecho, sobre todo en medicina

340 es donde más he resuelto cosas con

341 especialistas.

342 S1: Probablemente el médico, el especialista

343 médico, tiene una mejor conciencia del

344 lenguaje de la que pueda tener el ingeniero

345 en un montón de casos, porque mi

346 experiencia en ese terreno de recurrir a

347 especialistas se da más bien en el terreno de

348 la ingeniería, sobre todo cuando he tenido

349 que hacer traducciones de ascensores y otros

350 tipos de aparatos elevadores y cosas de esas.

351 Y la experiencia es que el ingeniero es

352 fantástico para explicarte cómo funciona la

(320)
Al hilo de la afirmación anterior de S2, S1 también confirma que utiliza Wikipedia.

Wik

(321-323)
S2 matiza que utiliza Wikipedia con mucha frecuencia, pero no considera que sea una fuente documental válida, sino una primera referencia. Estas alusiones a Wikipedia parecen ir en la línea de un hilo discursivo que se repetirá en varias ocasiones: «Sí, uso Wikipedia, pero…».

Wik

Dif

Hum

(327-341)
S2 describe con entusiasmo que los especialistas, sobre todo médicos, son, en su opinión y según su experiencia, un recurso de gran ayuda para el traductor.

353 cosa.

354 S2: <asentimiento>

355 S1: Y, en un momento dado, que puedes

356 estar atascado, porque la redacción original

357 no es del todo buena, que te explique

358 alguien cómo funciona te ayuda a poderlo

359 contar luego en español de la manera

360 correcta, es decir, a interpretar y completar

361 esos pequeños huecos y lagunas del original

362 para que salga un texto comprensible. Pero

363 cuando le preguntas cómo se llaman las

364 cosas, ahí ya caemos en un mundo que es

365 (…). Dentro de la misma empresa y dentro

366 de la misma oficina de una misma ciudad, te

367 puedes encontrar tres ingenieros que le

368 llaman a una determinada pieza de tres

369 maneras distintas ¿sabes? Y entonces tienes

370 que empezar a aceptar que en el terreno de

371 la ingeniería no hay el grado de precisión

372 lingüística que hay en otras áreas.

373 S2: <asentimiento>

374 S1: Sino que cada cosa puede tener varios

375 nombres e incluso un especialista a lo mejor

376 no se los sabe todos. De modo que siempre

377 tienes que andar con el problema de la

378 elección, con cuál término me quedo de los

379 muchos que oigo citar para llamar a una

380 cosa ¿con cuál me quedo? Por ejemplo, en el

381 terreno de los ascensores, yo manejo un

382 glosario que está en varios idiomas (español,

383 inglés, francés, italiano y alemán) y en la

384 parte española hay nombres de cosas que no

385 coinciden con lo que te dicen los fabricantes

386 españoles y es un diccionario de la

387 Federación Internacional de Nosequecosa de

388 los ingenieros de aparatos elevadores. Sin

(342-376)

| Dif |
| Hum |

S1 coincide en que los especialistas pueden ser de gran ayuda para el traductor, pero no tanto para cuestiones terminológicas, sino para explicaciones generales que ayuden a comprender el TO. S1 hace referencia, sobre todo, a especialistas de la ingeniería.

(380-394)

| Dif |
| Herr |

S1 alude a las dificultades terminológicas que enfrenta el traductor. En ocasiones, en los recursos terminológicos se emplean diferentes términos para un mismo concepto o existen diferentes denominaciones dependiendo de la variedad lingüística de la lengua. A veces el traductor debe tomar decisiones en contra de lo que se indica en los recursos terminológicos.

389   embargo, es terminología que no se usa

390   aquí, pero a lo mejor se utiliza mucho más

391   que en España, se utiliza a lo mejor en

392   Latinoamérica, donde hay mucha más gente

393   que habla español que aquí, que aquí somos

394   cuatro gatos.

395   S2: <asentimiento>

396   S1: Y por eso está en ese glosario, y no es la

397   que yo tengo que utilizar a lo mejor.

398   S2: Yo esa misma experiencia la tengo, de

399   momento tengo una experiencia bastante

400   buena, pero tengo esa misma experiencia

401   con informáticos.

402   S1: ¡Ah, sí!

403   S2: Que tú dices, no sé, ahora se me viene

404   una de «emparejamiento de», pero siempre

405   lo suelo resolver por el lado del concepto.

406   No sé, se me viene ahora un «phoning

407   pairment», que me decían ellos mismos

408   «emparejamiento de teléfono» y yo me

409   negaba a poner «emparejamiento de

410   teléfono» y me decían: «Pero nosotros lo

411   entendemos así». Y yo les decía: «No, pero

412   está mal» <risas>. Ellos no saben, pero el

413   lingüista trata de decirlo de una mejor

414   manera. Y al final era una «sincronización

415   de teléfono» y yo sabía que había una mejor

416   forma de ponerlo. Como anécdota, pero hay

417   veces que preguntando en qué consiste algo,

418   uno llega a resolverlo.

419   S1: Sí.

420   S2: Incluso hasta puede proponer cosas que

421   después funcionan mejor. A mí me sigue

422   gustando más lo de «sincronizar teléfono»

423   que lo de «emparejar teléfono».

(398-423)
S2 señala que, en ocasiones, ha recurrido a ingenieros informáticos para solucionar las dificultades terminológicas de un texto y que ha discutido con ellos acerca de cuál era el término correcto para la traducción.

Dif

Hum

424	E: Muy bien, muy interesante. Cuando S2
425	han mencionado los recursos que utilizaba y
426	decía «Wikipedia al principio», S1 asentía.
427	S1 ha dicho que sí.
428	S1: Sí.
429	E: ¿Usas Wikipedia, con qué frecuencia, S1?
430	S1: Porque es una referencia además muy
431	importante. Wikipedia a veces no es tanto el
432	texto, sino las referencias que salen al final.
433	S2: <asentimiento>
434	S1: Al final viene una larga lista de fuentes
435	y curioseando entre esas fuentes puedes
436	encontrar dónde mirar de una manera mucho
437	más precisa.
438	S2: <asentimiento>
439	S1: Aparte de que también es cierto que la
440	calidad de redacción de la Wikipedia va
441	mejorando.
442	S2: <asentimiento>
443	S1: Ha mejorado considerablemente mucho
444	en estos últimos años y ya se expresan las
445	cosas mucho mejor, aunque todavía hay (…).
446	Yo soy editor de la Wikipedia y de vez en
447	cuando entro y corrijo cositas, básicamente
448	cosas de lenguaje, porque ya me chirría, me
449	rechina demasiado y digo: «Bueno, vamos a
450	arreglar un poquito esta frase». Porque a
451	veces supongo que la persona que redacta
452	algo, pues lo redacta con el espíritu de
453	periodista que quiere adelantarse con la
454	noticia o algo así, ¿no? Es decir, que hay
455	una cierta premura en aportar la información
456	y a veces se escapan detalles sintácticos
457	incluso que luego te hacen muy tortuosa la
458	lectura, pero como referencia es excelente.

(430-437) [Wik]
S1 declara que Wikipedia es una referencia muy importante y destaca el valor de las referencias que se indican al final de los artículos para encontrar información mucho más precisa.

(439-445) [Wik]
S1 puntualiza que la calidad de la redacción de Wikipedia ha mejorado mucho en los últimos años.

(446-458) [Wik]
S1 revela que él es editor de Wikipedia. Sus contribuciones suelen ser pequeñas correcciones de estilo, sintácticas, etc. A pesar de la existencia de estos pequeños errores, S1 insiste en que Wikipedia es una referencia excelente.

459   S2: Como referencia está muy bien, incluso

460   a veces con nombres. Yo qué sé, cosas que

461   funcionan con un latinismo en alemán y en

462   español tienen su nombre vulgarizado, pero

463   ya utilizado en el ámbito científico.

464   Entonces voy jugando con español, con

465   alemán (…)

466   S1: Sí.

467   S2: Y con las referencias, no sé, está (…),

468   pero bueno nunca lo cito evidentemente para

469   que nadie se me tire al cuello <risas>.

470   S1: <risas>

471   S2: Pero yo reconozco que lo uso. Y

Dif

Wik

(459-465)
S2 está de acuerdo en enunciar las virtudes de Wikipedia como referencia. Además, describe que utiliza Wikipedia cotejando las versiones de los artículos en varios idiomas, de manera contrastiva, para solucionar dificultades terminológicas.

CWik

(467-471)
S2 expone que, a pesar de lo dicho anteriormente (que utiliza mucho Wikipedia, que es una buena fuente de referencia, que le resulta de utilidad para un primer acercamiento documental, para cuestiones terminológicas, etc.), nunca lo cita para evitar críticas o controversias («para que nadie se me tire al cuello»). Encontramos en las palabras de S2 alusiones a la existencia de censura o auto-censura respecto a Wikipedia que merecería la pena explorar con mayor profundidad.

472   entrecomillo mucho también, algo que S1 ha

473   mencionado como primera fase, de cuando

474   empiezo a buscar un término.

475   E: Entonces, S1 ¿tú usas Wikipedia porque

476   te sale como un resultado de Google o

477   también haces alguna vez búsquedas

478   directamente en Wikipedia?

479   S1: A veces hago búsquedas directas, pero

480   cuando me sale, siempre miro ahí, es decir,

481   es una de las que (…). Normalmente las

482   búsquedas que hago son de frases o de

483   expresiones entre comillas para tener una

484   cosa más precisa. Y también muchas veces,

485   en el caso de que (…). Yo hago poca

486   traducción inversa, pero sí hago bastante

487   revisión de traducción inversa y en ese caso

Dif

Herr

(472-474)
Al igual que antes hizo S1, S2 reconoce que utiliza Internet como corpus para solventar dificultades terminológicas.

Wik

Herr

(479-491)
Cuando se le pregunta por el modo en el que suele acceder a Wikipedia, S1 comenta que su acceso es a través de buscadores y a veces mediante búsquedas directas. S1 parece tener un manejo avanzado de los bus-cadores e ilustra, una vez más, el uso de la web como corpus. Realiza, por ejemplo, búsquedas en Internet acotando dominios o empleando comillas para restringir los resultados.

488   incluso utilizo la coletilla esta de «site:uk» o

489   cosas así, incluso «ac.uk» cuando busco

490   referencias universitarias específicas, y eso

491   ayuda mucho también a acotar la búsqueda.

492   E: Y en tu caso, S2 ¿tú utilizas directamente

493   Google o realizas búsquedas en Wikipedia

494   directa?

495   S2: No, yo Google, pero cuando me lleva a

496   Wikipedia, yo voy a Wikipedia. Lo que pasa

497   es que lo que hago con el resultado de

498   Wikipedia después es buscarlo y

499   documentarme sobre lo que encontré en

500   Wikipedia para confirmarlo.

501   S1: <asentimiento>

502   S2: Pero generalmente cuando se trata de

503   términos o de (…) no tengo una experiencia

504   negativa.

(495-504)
S2 responde que accede a Wikipedia desde Google. Insiste en que su método consiste en contrastar el resultado que encuentra en Wikipedia. Además, cuando ha recurrido a Wikipedia para solucionar dificultades terminológicas, su experiencia no ha sido negativa.

Dif

Wik

Herr

505   E: Y, ¿con qué uso específico? ¿Es

506   solamente para documentarte sobre un tema

507   o para terminología, colocaciones,

508   fraseología? ¿Creas o manipulas el corpus

509   de Wikipedia de alguna forma? ¿Cómo lo

510   utilizas?

511   S2: No básicamente es primero para ver de

512   qué se trata algo, de qué se trata la cosa,

513   porque no lo sé (…), digo: «¿Esto qué?». No

514   sé (…), algún elemento quirúrgico que no

515   conozco, un órgano, farmacología, primero

516   para saber qué es y después para orientarme.

517   Luego lo que encuentro lo busco para

518   confirmar si es así. Lo puedo buscar

519   libremente o ya acotando las referencias que

520   pueda tener Wikipedia, que muchas veces

521   me resultan útiles.

(511-521)
Cuando se pregunta a S2 acerca de los usos específicos para los que recurre a Wikipedia, responde que la utiliza para comprender el TO (contrastando siempre la información con otras fuentes) y que también le resultan de ayuda las fuentes indicadas al final de los artículos de Wikipedia.

Dif

Wik

522   E: Has dicho antes que pasas de una versión

523 de un artículo de un idioma a otro. ¿Haces

524 ese cotejo dentro de un mismo artículo?

525 S2: Sí, sí, sí, en Wikipedia, eso lo hago en

526 Wikipedia para ver si lo que yo busco

527 realmente es lo que yo creo que busco,

528 entonces, sí.

529 E: S1, ¿con qué uso específico utilizas

530 Wikipedia? ¿Para qué cuestiones

531 específicas?

532 S1: Pues básicamente igual que S2, es decir,

533 hay cosas que hay que buscar simplemente

534 porque quieres enterarte y quieres tener

535 información general. En ese sentido la

536 Wikipedia para mí suple un poquito la

537 función que hacía la *Encyclopaedia*

538 *Britannica*, que fue una de mis primeras

539 inversiones. Aquella cosa, un metro y medio

540 de libros, carísima. Y la Wikipedia la verdad

541 es que suple un poco todo aquello. Quizá no

542 con el nivel de profundidad que aportaba la

543 *Britannica*, pero sí, con una gran variedad

544 de información, así que eso es lo primero. Y

545 luego pues buscar términos, por supuesto.

546 En el terreno de la terminología, la verdad es

547 que la Wikipedia me da información, pero

548 menos. Me da información contextual para

549 las cosas en las que yo me muevo. Cuando

550 lo que busco es terminología, aparte de (…).

551 Antes hablaba S2 de los corpus paralelos y

552 todo esto, yo corpus utilizo pocos todavía.

553 Utilizo algunos de Internet, pero la mayor

554 parte de las veces me los tengo que fabricar

555 a base de alinear textos y cosas así. Y, sin

556 embargo, en la traducción jurídica muchas

(525-528)

Preguntado por una alusión anterior que hizo a un procedimiento de cotejo de las versiones de Wikipedia en varios idiomas, S2 confirma que realiza ese cotejo contrastivo de un artículo en varios idiomas para confirmar el uso de términos.

Dif

Wik

(532-552)

Por su parte, S1 indica que también utiliza Wikipedia para obtener información general o contextual. Al igual que hizo con anterioridad, alude al impacto de Internet en la fase de documentación de un encargo; concretamente, compara Wikipedia con la *Enciclopaedia Britannica* y explica que la primera contiene gran variedad de información, mientras que la segunda profundizaba más en los temas. El otro uso que refiere de Wikipedia es para buscar términos, aunque subraya que pare este fin, prefiere recurrir a los corpus.

Dif

Wik

Herr

557   veces encuentro terminología en otra fuente

558   muy interesante que es el EUR-Lex.

559   S2: <asentimiento>

560   S1: EUR-Lex te da una información

561   fantástica, porque eso sí es un verdadero

562   corpus paralelo y además multilingüe. Y

563   muchas veces, cuando estoy muy atascado

564   con un término, paso por varios idiomas.

565   Con el alemán no me atrevo mucho, pero

566   con el francés <risas>.

567   S2: Yo a veces también.

568   S1: Continuamente comparando (…)

569   S2: Muchas veces te orientan (…)

570   S1: A veces, ¿verdad?, te da pistas y cosas.

571   Y en ese sentido EUR-Lex, que tú haces tu

572   búsqueda y luego le indicas en qué par de

573   idiomas quieres que te lo enseñe y te saca

574   dos columnas, cada una en un idioma. Eso

575   es fantástico, porque ahí sí puedes ver el

576   término en contexto. Puedes ver si eso es

577   exactamente lo que estás buscando y puedes

578   saber perfectamente cómo se dice en el

579   idioma que buscas.

580   E: Muy bien, muy interesante.

581   S2: Pero el corpus paralelo para mí es

582   básico, porque es el hábitat de lo que

583   estamos buscando, del objeto.

584   E: ¿Y crees que Wikipedia tiene esa entidad

585   de corpus paralelo?

586   S2: Yo no uso Wikipedia como (…), no.

587   S1: No, porque además la redacción en cada

588   idioma es un poco independiente. Yo a

589   veces me he encontrado esa triste sorpresa

590   de buscar una cosa muy puñetera muy

591   puñetera que no sé dónde encontrar y me la

(553-579)

Dif

Herr

S1 narra que recurre a Internet para crear sus propios corpus (Web for corpus) a partir de procedimientos de alineación. Dado que su campo de especialidad es el financiero, utiliza con frecuencia EUR-Lex. S1 se muestra entusiasmado por las posibilidades que bridan los corpus paralelos.

(581-583)

Dif

Herr

S2 está de acuerdo y también alaba el valor de los corpus paralelos que son, en su opinión, el «hábitat de lo que estamos buscando».

(584-586)

Wik

Cuando se le pregunta a S2 si Wikipedia tiene entidad de corpus paralelo, responde que, en su opinión, no.

592   encuentro en un fantástico artículo en inglés

593   y digo: «¡Ah! Le doy a español y ya lo

594   tengo». Y le doy a español y sale otro

595   artículo diferente, que habla de lo mismo,

596   pero no es el mismo artículo <risas>.

597   Entonces ya no puedo comparar.

598   S2: <asentimiento>

599   E: Tú antes has mencionado, S1, que tú

600   incluso editas artículos de Wikipedia, que

601   haces modificaciones.

602   S1: Sí, a veces sí.

603   E: ¿Sabes cómo se crean los artículos de

604   Wikipedia? ¿Qué criterios se utilizan?

605   ¿Quiénes están detrás de esos artículos?

606   S1: Nunca he creado ninguno y la verdad es

607   que no me he parado a pensarlo. Sé que hay

608   gente que se dedica casi a eso. Hay un

609   equipo reducido de gente que se dedica a

610   este trabajo. Yo hago el más básico que es el

611   de editar únicamente.

612   E: ¿Piensas que ese grupo de personas son

613   profesionales contratados?

614   S1: No tengo información, no lo sé.

615   E: ¿Utilizas algún criterio para determinar la

616   calidad?, porque antes hablabas de que

617   puede ser un poco arriesgado el tema de la

618   calidad de los artículos, ¿utilizas algún tipo

619   de criterio para determinar si es el artículo

620   puede ser fiable o no?

621   S1: ¿En la Wikipedia? Bueno, en la

622   Wikipedia hay un primer dato y es si la

623   redacción es correcta o no es correcta. Si tú

624   ves una redacción descuidada, puedes

625   sospechar que a lo mejor el autor —y esto no

626   es garantía de nada pero a lo mejor el autor—,

(587-598)
S1 explica que Wikipedia no tiene entidad de corpus paralelo, porque las versiones de los artículos son diferentes en cada idioma. En el caso de utilizar Wikipedia para dificultades terminológicas, se la ha dado el caso de encontrar el término en un idioma, pero, al hacer el cotejo, el cambio a otra versión, el término que habría sido equivalente no aparecía.

`Wik`

(599-614)
S1, a pesar haber editado artículos de Wikipedia, desconoce quiénes los crean, aunque piensa que hay un equipo reducido de personal contratado para la creación de artículos.

`Wik`

627   igual que descuidó la redacción, descuidó

628   también algunas nociones importantes. Y a

629   veces resulta que solo descuidó la redacción

630   y no las cuestiones importantes. Y a veces,

631   por las mismas, caes como un pardillo,

632   porque ves un texto muy bien escrito y luego

633   nada más que dice cuatro tonterías. Aunque

634   no es muy frecuente que en la Wikipedia se

635   digan cuatro tonterías. Al menos los textos

636   que se introducen nuevos llevan una serie de

637   controles que dicen que esto requiere

638   revisión, que esto todavía no está

639   confirmado, que esto no sé qué (…). Cuando

640   un texto está cerrado, suele ser una

641   referencia razonablemente fiable, desde

642   luego mucho más fiable que muchas cosas

643   que hay por ahí. Para mí el tema de la

644   Wikipedia no está mal (…). Me interesa más

645   el tema de los corpus paralelos y sobre todo

646   ahora que (…). Yo hace muchos años que

647   trabajo con DéjàVu, pero todavía no había

648   encontrado el momento de pasarme a la

649   nueva versión. La nueva versión permite

650   trabajar con corpus de pago. Hay algunos

651   corpus por ahí que tú puedes contratar la

652   suscripción.

653   S2: <asentimiento>

654   S1: Entonces la información de esos corpus

655   te entra directamente en tu aplicación de

656   DéjàVu y la puedes utilizar ¿sabes? Y eso es

657   un terreno que quiero empezar a explorar ya

658   pronto, porque conozco gente que la está

659   utilizando y está encantada con eso.

660   E: Muy interesante. S2, ¿sabes cómo se

661   crean los artículos de Wikipedia? ¿Tienes

Wik

(621-644)
Cuando se le pregunta acerca de los criterios para determinar la calidad de Wikipedia, S1 señala que él se fija, en primer lugar, en la redacción, aunque esto no es siempre una evidencia clara de la fiabilidad de un artículo. S1 opina que la fiabilidad de los artículos suele ser aceptable o incluso buena en el caso de los artículos que están «cerrados», esto es, que no contienen advertencias (resultado de controles) indicando que el artículo requiere revisión u otras carencias.

Wik

Herr

Hum

(644-659)
S1 señala que «Wikipedia no está mal», pero insiste en que le interesan más los corpus paralelos, sobre todo la posibilidad de integrarlos con la memoria de traducción, DéjàVu, en su caso. Parece que otros compañeros traductores utilizan esa funcionalidad y se la han recomendado. Esta interacción con colegas de profesión evidencia, de nuevo, la dimensión social de la profesión.

662 algún criterio para determinar su calidad?

663 S2: Bueno, cómo están redactados, lo que

664 decía S1. Lo que pasa es que tampoco es

665 algo muy certero. A veces quiénes los

666 escribieron, ¿no?, los puedes investigar un

667 poco y ver si son profesionales de lo que

668 están escribiendo o yo qué sé. Pero ya te

669 digo, para mí es tan meramente orientativo

670 lo de Wikipedia y después lo verifico con

671 tantas otras cosas, que no, no. Para mí, no

672 sé. Si estoy hablando de términos médicos,

673 las revistas que publican PubMed, por decir

674 algo, MedLine, algo así, en algún medio

675 muy grande y masivo, esas sí suelen ser

676 fuentes que no les cuestiono nada.

677 E: Entonces ¿qué grado de fiabilidad le

678 darías a los artículos de Wikipedia?

679 S2: ¿Entre qué números? ¿Del 1 al 5?

680 E: Por ejemplo, del 1 al 5.

681 S2: No sé, tampoco me gustaría ser injusto,

682 porque lo uso solamente como una

683 orientación. ¿Del 1 al 5? No sé (…)

684 E: ¿O consideras que la calidad es variable y

685 que no puedes dar un criterio homogéneo?

686 S2: No, no lo tengo, es que no lo tengo,

687 porque como lo uso para eso nada más. Ni

688 siquiera lo cito yo Wikipedia. No lo cito ni

689 siquiera una sola vez.

690 E: Y, tú, S1, en cuanto a la fiabilidad ¿cuál es

691 tu posicionamiento?

692 S1: Yo en esto estoy igual. Incluso cuando

693 (…) <risas> cuando ves estudiantes de la

694 universidad que en sus pequeños ensayos y

695 esas cosas citan Wikipedia, a mí se me

696 ponen los pelos de punta. Es que no debes

(662-675)

Wik

Herr

S2 considera también que la calidad de la redacción podría ser significativa de la calidad de un artículo, pero no es un método certero; apunta a la posibilidad de revisar los perfiles de los autores de los artículos. S2 incide en su observación anterior, en el sentido de que para él Wikipedia sirve para una aproximación inicial que luego contrasta con otras fuentes consideradas por él fiables, como por ejemplo PubMed y MedLine, en el caso de la medicina.

(677-687)

Wik

Cuando se le pregunta por el grado de fiabilidad que en su opinión tienen los artículos de Wikipedia, S2 insiste en que solo la usa como orientación inicial. Le cuesta mucho valorar la fiabilidad de la enciclopedia.

(687-689)

CWik

Al hilo de la dificultad que supondría para él valorar la fiabilidad de Wikipedia, S2 argumenta que nunca la cita. Consideramos que este hilo discursivo (unido al hecho de que el sujeto utiliza Wikipedia) podría evidenciar la existencia autocensura respecto a la enciclopedia.

697	citarlo. La Wikipedia no tiene entidad
698	académica para ser una fuente de referencia.
699	S2: <asentimiento>
700	S1: Tiene entidad para ser una orientación
701	personal, una fuente de información
702	personal, pero no como referencia. No tiene
703	entidad para eso, porque la propia forma
704	abierta en que se basa su redacción y toda su
705	estructura impide que pueda alcanzar en
706	algún momento esa categoría de fuente de
707	referencia ya de valor académico. No se
708	debe citar.
709	S2: Lo que sí yo hago en las clases, por
710	ejemplo, yo la menciono y siempre aclaro
711	esto, porque me imagino que estoy con
712	adultos enfrente y no con niños, digo, me
713	imagino, porque también me equivocaré
714	alguna vez. Pero nunca muestro hostilidad
715	por mi parte, porque para mí es una aliada,
716	Wikipedia.
717	S1: Sí, lo mismo.
718	S2: Y yo conozco profesores que realmente
719	le tienen directamente tirria a Wikipedia. Y
720	yo no se la tengo, porque a mí me ha
721	ayudado muchísimas veces, innumerables
722	veces, para llegar a la primera fase de
723	investigar un término, de orientación. Para
724	mí ha sido súper útil.
725	E: ¿Y crees que sería importante contar con
726	una formación específica para?
727	S2: ¿Publicar en Wikipedia o cómo?
728	E: No, para poder usarla con algún tipo de
729	criterio.
730	S2: Yo creo que con (…), no sé, no creo que
731	sea suficiente del todo, pero yo creo que los

(692-708)

CWik

S1 coincide con la opinión de S2, en el sentido de que Wikipedia no se debe citar; especialmente, respecto a su uso por parte de estudiantes, argumenta: «Es que no debes citarlo. La Wikipedia no tiene entidad académica para ser una fuente de referencia». S1 señala que la naturaleza colaborativa de Wikipedia («la forma abierta en que se basa su redacción y toda su estructura») le impide alcanzar esa categoría. Encontramos interesante su opinión de que Wikipedia debe restringirse al ámbito de lo personal: «Tiene entidad para ser una orientación personal, una fuente de información personal, pero no como referencia».

(709-724)

CWik

A pesar de que nunca la cita, S1 reconoce la utilidad de Wikipedia y que la usa con mucha frecuencia en una primera aproximación documental o terminológica. En su labor como docente no muestra hostilidad hacia Wikipedia, pero indica que otros profesores sí lo hacen.

732 alumnos ahora que tienen formación en

733 Documentación Aplicada a la Traducción y

734 saben cómo llega un libro a una biblioteca, o

735 cómo llega un artículo, cómo se publica,

736 cuáles son fuentes que ellos pueden

737 considerar fidedignas y no. Tampoco te digo

738 que (…) tendría que ser una asignatura por lo

739 menos (…), yo creo que es bimestral ahora,

740 tendría que ser semestral para que ellos

741 pudieran ver las cosas con mayor

742 profundidad. Pero yo creo que ahora, por lo

743 menos yo los veo que en ese sentido yo me

744 lo tuve que currar más por mi cuenta y ahora

745 salen con una herramienta (…). Saldrán con

746 puntos débiles en otros aspectos

747 seguramente, pero en eso yo los veo que

748 (…), igual que en todo lo que es informática,

749 que es una autoformación que yo tuve que

750 hacer.

751 S1: <asentimiento>

752 S2: Probablemente a S1 le haya pasado lo

753 mismo y ahora en eso están hasta

754 sobreformados, porque tienen, no sé, más de

755 la mitad de la carrera en aulas de

756 informática. Y con Documentación tienen

757 esos dos meses, es verdad, es muy poco,

758 pero después tienen, no sé. Yo con los

759 alumnos de cuarto año les insisto en las

760 fuentes y «¿Dónde lo has visto?». Siempre

761 es un referente el tema de las fuentes que

762 está presente.

763 E: S1, en tu caso, ¿crees que a los

764 traductores les ayudaría tener una formación

765 específica sobre cómo usar Wikipedia?

FWk

(730-763)
Cuando se le pregunta acerca de si cree conveniente que se proporcione formación específica sobre Wikipedia a los estudiantes de traducción, S2 expresa que no lo considera oportuno. Considera que actualmente, desde su punto de vista, los estudiantes de traducción están sobreformados en competencias tecnológicas. No obstante, considera necesario incidir en que aprendan a valorar, en general, la fiabilidad de las fuentes.

766   S1: Les ayudaría tener una formación sobre

767   cómo abordar el análisis y la valoración de

768   la documentación y de las fuentes, eso sí. Es

769   decir, yo creo que interesa animarlos a

770   buscar, animarlos a leer todo lo que pillen,

771   sin despreciar en principio nada, pero

772   animarlos también a estar atentos, es decir,

773   introducir cautelas. Y hacerles ver que no

774   todo vale, que no todo es bueno y que no

775   todo es de fiar y que hay que contrastar la

776   información, siempre hay que contrastarla.

777   Yo creo que esa es la esencia de lo que hay

778   que explicarles.

779   [Disertación/broma sobre política entre los

780   sujetos]

781   E: Ya para terminar os quería preguntar

782   vuestra valoración de la utilidad de

783   Wikipedia. ¿Del 1 al 5, S2, siendo 5 el

784   máximo, qué utilidad le das a Wikipedia

785   para los traductores?

786   S2: Me gustaría ser generoso por eso,

787   porque la uso mucho, no sé. Yo si fuera

788   todavía más (…) si los artículos que tuviera

789   pudieran ser otra cosa, a Wikipedia le daría

790   hasta el 5. Lo que pasa es que, no sé, le daría

791   un 3 por quedarme en el medio, nada más

792   porque la uso, por una cuestión de

793   coherencia, pero ya digo que no la cito

794   nunca.

795   E: Muy bien, gracias, ¿en tu caso, S1?

796   S1: Yo le daría un 3 también. Estaba

797   pensando antes cuando S2 estaba hablando,

798   que realmente no pasaría de ahí,

799   precisamente por lo que cabe esperar de la

800   Wikipedia. Yo creo que nos da todo lo que

(766-778)

FWk

S1 coincide con la opinión de S2, en el sentido de que la formación de traductores debería permitirles analizar y valorar las fuentes con un espíritu crítico e incidir en la conveniencia de contrastar la información.

(786-794)

CWik

Wik

Cuando se le pregunta a S2 acerca de la valoración de Wikipedia en cuanto a su utilidad (siendo 1 el mínimo y 5 el máximo), indica que le concedería un 3. No obstante, repite que utiliza con mucha frecuencia Wikipedia, pero que nunca la cita.

(795-802)

Wik

S1 también valoraría con 3 la utilidad de Wikipedia y explica que su valoración está relacionada con las expectativas que uno puede tener respecto a Wikipedia: «Yo creo que nos da todo lo que cabría esperar de ella, pero sería absurdo pedirle más».

801   cabría esperar de ella, pero sería absurdo

802   pedirle más.

803   E: Bueno, pues muchísimas gracias a los

804   dos.

805   S2: De nada, esperamos haberte ayudado.

806   S1: Esperemos que sí.

807   E: Muchas gracias.

II. TRANSCRIPCIÓN Y CODIFICACIÓN DEL GRUPO DE DISCUSIÓN 2

Grupo de discusión 2
Fecha: 29/05/2013
Lugar: Sevilla (España)
Medio: en persona
Duración: 50'

[Introducción: bienvenida y explicación de los objetivos y la dinámica de la sesión por parte de la entrevistadora]

1   Entrevistadora: Si os parece, podemos

2   comenzar con una breve presentación de

3   cada una de vosotras en la que me

4   contéis, si os parece bien, vuestros años

5   de experiencia, si la traducción es vuestra

6   actividad profesional principal o si la

7   compagináis con otra, con qué

8   combinaciones lingüísticas soléis

9   trabajar, que especialidad o qué tipo de

10   encargos soléis recibir. De acuerdo,

11   empezamos contigo, S3.

12   S3: Bien, pues me llamo S3, estudié

13   Filología Inglesa, Traducción e

14   Interpretación. Llevo trabajando en la

15   traducción alrededor de 11 o 12 años.

16   Trabajé unos años en una empresa como

17   traductora en prácticas, luego estuve

(12-27)
S3 se presenta como una traductora freelance, especializada en la localización, que posee formación universitaria en Traducción e Interpretación y unos 12 años de experiencia profesional. Compagina esta actividad con algo de docencia.

Perf

18   trabajando en el Parlamento Europeo,

19   también en prácticas. Y cinco años en

20   <ciudad> en <empresa> como gestora de

21   proyectos de traducción y desde entonces

22   me dedico a la traducción autónoma.

23   Soy traductora autónoma. Suelo hacer

24   traducción enfocada a la tecnología, lo

25   que se conoce como localización,

26   traducción de páginas web, software y

27   hago algo también de docencia.

28   E: Muy bien, muchas gracias. S4,

29   cuéntanos.

30   S4: Soy S4. Soy licenciada en Filología

31   Inglesa, pero de esto hace mucho tiempo.

32   Llevo dedicada a la traducción 16 ó 17

33   años, por ahí, y me dedico sobre todo a la

34   traducción tecnológica, sobre todo

35   técnica (hardware, software), también

36   localizando, como mi compañera, incluso

37   de seguros; últimamente mucho turismo,

38   portales turísticos y, bueno, no sé.

39   Trabajo en equipo, somos un equipo,

40   ahora todo mujeres, y también imparto

41   esporádicamente alguna clase, sobre todo

42   a nivel práctico, un poco para enseñar a

43   los jóvenes lo que hacemos los que

44   llevamos muchos años en el gremio, algo

45   muy práctico, nada teórico.

46   E: S4, dentro del equipo de traductores,

47   ¿cuál es tu rol?

48   S4: Yo soy la gestora de proyectos,

49   mantengo contacto con los clientes,

50   también me dedico a la búsqueda de

51   nuevos clientes, presento presupuestos y

52   también designo el equipo ideal para el

(30-45)

Perf

S4 posee una dilatada experiencia profesional en la industria de la traducción (16-17 años) y formación universitaria en Filología Inglesa; está especializada en la traducción tecnológica, aunque últimamente recibe encargos de variada índole (seguros, turismo, etc.). S3 trabaja en equipo con otras traductoras y, esporádicamente, imparte clases prácticas a jóvenes traductores.

(48-54)

Perf

Preguntada por su rol dentro del equipo, S4 indica que es la gestora de proyectos; entre sus tareas se encuentran la búsqueda de clientes, el contacto con los mismos, elaboración de presupuestos y selección del equipo de traductores para cada proyecto. Por último, S4 indica que hace un poco de todo y que también traduce.

53   proyecto, y también soy traductora, hago

54   un poco de todo.

55   E: Muchas gracias. S5, cuéntanos algo

56   sobre ti.

57   S5: Mi nombre es S5, llevo 8 años

58   dedicada la traducción. Empecé como

59   becaria en la empresa donde estoy

60   trabajando y ya me quedé (…)

61   E: ¿Qué idiomas sueles traducir?

62   S5: Si, de inglés a español.

63   E: ¿Y qué temas?

64   S5: Normalmente de todo: traducción

65   tecnológica, también localización,

66   turismo, marketing, seguros, bancos, de

67   todo un poco. No tengo una rama en

68   especial, simplemente me dedico a todo

69   un poco, hay cosas que se dan mejor,

70   pero bueno.

71   E: ¿Eres empleada de una agencia?

72   S5: Si, soy empleada.

73   E: Muy bien, muchas gracias. S3, nos

74   gustaría saber ahora cómo es tu forma de

75   abordar un proyecto de traducción, desde

76   que recibes el encargo hasta que lo

77   entregas. ¿Cuál es tu forma de trabajar

78   habitual, si es que tienes alguna forma

79   habitual de trabajar a la hora de enfocar

80   la traducción en sí, desde que recibes el

81   encargo hasta que lo entregas? ¿Cómo te

82   sueles enfrentar a un encargo de

83   traducción?

84   S3: Pues normalmente suelo recibir mis

85   encargos de traducción bien sea por

86   e-mail, por medio de la gestora de

87   proyectos que me lo envía a mí o a mí y a

Perf

(57-72)
S5 tiene una experiencia profesional de 8 años. Empezó como becaria en una empresa de traducción y luego se incorporó en su plantilla. Suele traducir del inglés al español sobre diversos temas («de todo un poco»): traducción tecnológica, localización, turismo, marketing, seguros, bancos, etc.

88   alguno de los compañeros si son

89   traducciones muy grandes, o por un

90   sistema de intranet de alguna empresa

91   que nos asigna las traducciones a

92   diferentes traductores. Entonces yo

93   recibo mi traducción, veo el número de

94   palabras y me voy organizando el día:

95   «Bueno, pues tengo tantas palabras para

96   traducir, tal día, esto lo termino mañana».

97   Así me voy organizando un poco en

98   función del volumen que tengo.

99   Entonces, cuando me pongo a traducir, lo

100   primero que suelo hacer es saber qué voy

101   a traducir, porque a veces los traductores

102   no sabemos lo que estamos traduciendo,

103   dependiendo de la empresa, de su política

104   de confidencialidad, etc. Entonces intento

105   averiguar qué es a nivel general y luego

106   ya pues leer el texto y ver un poquito de

107   qué se trata, y ya empiezo a traducir

108   directamente. Yo sé que a lo mejor hay

109   otros traductores que buscan

110   terminología, pero yo directamente me

111   pongo a traducir y, a medida que voy

112   traduciendo, pues me voy enfrentando los

113   diferentes desafíos que tiene la

114   traducción. ¿No sé si quieres que

115   desarrolle más ese proceso (…)?

116   E: Perdón, te quería preguntar si la

117   temática que traduces es muy variada o

118   si estás especializada.

(84-108)

Preguntada sobre su forma de abordar un encargo de traducción, S3 narra en primera persona del plural que habitualmente reciben (ella o sus compañeros) los encargos a través de un correo electrónico que les envía la **Hum** gestora de proyectos o a través de la intranet de la empresa que les asigna las traducciones. A pesar **Dif** de haber indicado con anterioridad que ella es traductora autónoma, parece que forma parte de uno o varios equipos estables de **SkPrp** traductores. S4 organiza su trabajo en función del volumen del proyecto. Parece que, en la fase **SkEje** inicial del encargo, S3 desconoce los datos esenciales de lo que tiene que traducir (la empresa no le facilita información o, en ocasiones, son datos sujetos a cuestiones de confidencialidad), por lo que la dificultad inicial consiste en identificar la naturaleza del encargo («saber qué voy a traducir»). Posteriormente, lee el texto y examina su temática, a nivel general. Como ella misma señala, después de este examen preliminar, S3 se pone directamente a traducir.

(108-115)

Se pone de manifiesto que S3 **Hum** mantiene contactos con otros traductores y reconoce que estos tienen otras formas de abordar **Dif** un encargo (otros traductores buscan terminología antes de traducir), pero ella se pone a **SkEje** traducir inmediatamente y va solventando las dificultades de la traducción a medida que surgen

119   S3: La verdad es que yo diría que casi

120   todo lo que hago, yo diría un 90 por

121   ciento, es tecnológico: software y sitios

122   web. De vez en cuando alguna otra cosa

123   más, algún proyecto de arquitectura,

124   algún proyecto a lo mejor administrativo,

125   pero casi todo es de tecnología.

126   E: ¿Cuál es la actividad que desempeñas

127   con mayor frecuencia: traducción,

128   revisión, control de calidad?

129   S3: Yo creo que traducción normalmente

130   un 65-70% ciento y revisión un 30%.

131   Tengo un cliente grande con el que hago

132   casi 50%-50% (revisión-traducción) y

133   otro cliente de los dos principales con los

134   que hago casi todo traducción. Y cuando

135   termino mi traducción reviso siempre 3

136   veces, porque soy una persona un poco

137   despistada entonces como no revises tres

138   veces, no, y ya está, entrego.

139   E: Gracias muy bien. S4, cuéntanos cuál

140   es tu forma de abordar un encargo de

141   traducción.

142   S4: Siempre depende de si se trata de un

143   cliente directo o si es a través de una

144   agencia grande. Normalmente nosotros

145   tenemos o clientes directos, que suelen

146   pedirnos casi siempre traducciones del

147   español a otros idiomas, o trabajamos

148   para agencias de traducción multilingües

149   y nosotros somos sus *Single Language*

150   *Vendor,* suelen enviarnos todo lo que

151   tengan de inglés a español, nuestra

152   combinación de idiomas. Si se trata de un

Perf

SkCtrl

Hum

SkPrp

(119-134)
Cuando se le pregunta por sus especializaciones, S3 contesta que ella está muy especializada en la traducción tecnológica y solo un 10% de los encargos que reciben son de otra temática (arquitectura, temas administrativos, etc.). En cuanto a las actividades que despeña habitualmente, S3 responde que aproximadamente el 70% es traducción y el 30% es revisión, salvo con uno de sus principales clientes para el que trabaja al 50% entre traducción y revisión.

(134-138)
La fase final del encargo para S3 conlleva revisar tres veces su propia traducción, porque reconoce que es un poco despistada, y, por último, entregar.

(142-152)
Por su parte, S4, que con anterioridad explicó que es la gestora de una agencia (un «equipo de traductoras» como ella lo denomina), detalla su forma de abordar un encargo de traducción en primera persona del plural, algo que, en nuestra opinión, evidencia su percepción de la traducción como una actividad en colaboración con otras personas. S4 explica que tienen dos formas diferenciadas de afrontar un encargo en función del tipo de cliente: para clientes directos, realizan traducciones inversas (del español a otros idiomas), y para agencias grandes, actúan de SLV (Single Language Vendor) y suelen encargarse de las traducciones de inglés a español, que es su lengua materna.

(152-170)
S4 argumenta que las principales dificultades de los encargos para clientes directos proceden del desconocimiento de los mismos acerca de la dinámica que debe seguir un proyecto de traducción, lo que implica para ella la necesidad de mantener un diálogo constante con estos clientes y dedicarles gran cantidad de tiempo. Por ejemplo, estos clientes desconocen sus propias necesidades («Ellos no saben tampoco lo que quieren»), no son conscientes de los problemas que acarrea modificar los archivos una vez iniciada su traducción, o la forma y formato adecuados para realizar dichas modificaciones. De las palabras de S4 se desprende que en las interacciones con estos clientes directos existe una negociación y renegociación continua. Debido al desconocimiento que tienen las empresas acerca de la actividad de la traducción, S4 desconfía de estos clientes («no me fío de lo que los clientes») y de sus palabras se desprende que, en estos casos, ella actúa como «educadora» de los clientes, en el sentido de que debe enseñarles cuál es la forma de gestionar un encargo de traducción.

(170-180)
Una vez que S4 ha confirmado con el cliente cuál es la documentación que necesita traducirse, debe negociar los plazos de entrega. Para S4 esto resulta fundamental, ya que la fecha de entrega determinará el número de traductores que debe asignar al proyecto y la dinámica del mismo. S4 señala que, siempre que el plazo y el volumen lo permiten, prefiere asignar un solo traductor a los encargos.

153	cliente directo, para mí es muy (…) me
154	lleva mucho tiempo, porque no me fío
155	nada de lo que los clientes (…). Ellos no
156	saben tampoco lo que quieren. Entonces
157	tienes que tener muy claro y dejarles muy
158	claro: «¿Va a haber más versiones del
159	documento?». Tienes que tener una
160	fluidez en el diálogo. De hecho, ahora
161	estamos con dos o tres proyectos de
162	clientes directos que nos han actualizado
163	archivos y me los traen impresos. «Mira
164	esto lo hemos cambiado» y cosas así, la
165	gente funciona así todavía. Entonces,
166	claro la dinámica es distinta. Si es un
167	cliente directo tengo primero que
168	asegurarme de que el cliente me ha
169	enviado lo que realmente necesita
170	traducir, si ya es el final, etc. Una vez
171	que ya tengo de verdad la documentación
172	que necesita traducirse, los plazos de
173	entrega son muy importantes, porque en
174	base a eso me permitirá llevar una forma,
175	llevar una dinámica en la gestión del
176	proyecto u otra. Si hay que usar dos o
177	tres traductores, depende siempre del
178	plazo de entrega. Yo intento siempre, si
179	no son volúmenes muy grandes, que
180	siempre se encargue una persona. ¿Qué

Dif

SkPrp

SkPrp

Dif

181 más? Cuando nosotros traducimos,

182 cuando somos traductores para una

183 agencia grande, bueno todo el mundo

184 (…). Solemos trabajar en portales

185 del cliente. Cada vez es más

186 habitual, que el cliente ni siquiera te

187 mande un *e-mail*, muchas veces ni te

188 avisan de que te envían un proyecto, sino

189 que directamente, realmente recibes una

190 pequeña nota por correo electrónico que

191 te dice: «Tienes —ni siquiera viene el

192 número de palabras, ni la fecha— tal

193 proyecto esperándote». Y una vez que

194 entras en el portal, ya ves la fecha, ves si

195 es viable y luchas un poco por a ver si te

196 lo pueden ampliar, dependiendo de la

197 temática. Nuestra experiencia es que

198 muchas veces los gestores del proyecto te

199 engañan un poco, no te dan toda la

200 información. Lo primero que quieren es

201 que aceptes el proyecto y, una vez que lo

202 has aceptado, empieza ya a verse el lado

203 oscuro del proyecto. Pues resulta que

204 viene con un recuento, con un *break* de

205 Trados, pero luego no hay memoria,

206 «¿cómo puede ser que haya *fuzzies* y

207 100% si no me estás proveyendo de esa

208 memoria?». Cada vez nos encontramos

209 más con eso. Como traductora, cada vez

210 me quejo más de que los gestores de

211 proyecto con los que trabajo son peores.

212 No sé si es un discurso de que llevo ya

213 muchos años y cualquier tiempo pasado

214 fue mejor, pero me da la sensación, que

215 además lo hemos hablado en el equipo,

Dif

SkPrp

Herr

HerrS

(181-193)
Al igual que S3, cuando S4 trabaja para agencias grandes, recibe la primera comunicación del encargo a través del correo electrónico y los archivos que debe traducir se encuentran en el portal del cliente. S4 comenta (en el mismo sentido que S3 hizo con anterioridad) que la principal dificultad de esa fase inicial consiste en determinar la naturaleza del encargo. Solo una vez que S4 accede al portal del cliente puede examinar el proyecto y conocer los datos básicos (número de palabras, plazos de entrega, etc.)

SkPrp

(193-197)
Una vez que S4 conoce los datos básicos del proyecto, trata de negociar (ampliar) un plazo de entrega viable.

Dif

SkPrp

Hum

(197-208)
S4 desconfía también de los gestores de proyectos de las agencias grandes. En este caso, S4 percibe que los gestores tratan deliberadamente de engañar al SLV y le ocultan información: «Nuestra experiencia es que muchas veces los gestores del proyecto te engañan un poco, no te dan toda la información. Lo primero que quieren es que aceptes el proyecto y, una vez que lo has aceptado, empieza ya a verse el lado oscuro del proyecto».

Dif

SkPrp

Hum

(208-218)
S4 indica que otra dificultad de la fase de preparación de un proyecto es la inexperiencia de los gestores de las agencias grandes. Parece, por ejemplo, que los gestores desconocen las dinámicas que implica el uso de memorias de traducción.

216 que los gestores de proyecto son cada vez

217 más inexpertos y preparan los paquetes

218 peor, surgen muchos problemas en medio

219 que luego intentan que tú solventes

220 unilateralmente por el mismo precio. No

221 sé, es la sensación como traductora.

222 Entonces nosotras, a nivel particular,

223 intentamos, como cada vez nos fiamos

224 menos de la gestión de proyectos externa,

225 intentamos gestionar internamente,

226 llevando nuestra propia revisión, nuestro

227 propio control de calidad. Aunque

228 solamente nos contraten para traducción.

229 Por ejemplo, ejecutamos herramientas de

230 control de calidad automática, intentamos

231 tener glosarios, guías de estilo, etc.

232 Entonces cada compañera tiene, aparte de

233 su función de traductora, mantiene algo a

234 nivel global dentro de la empresa. Una se

235 encarga de memorias de traducción, otra

236 se encarga de glosarios y vamos

237 repartiendo un poco las tareas a nivel

238 individual, pero sí que quería decir eso

239 que últimamente, la gestión de proyectos

240 la veo cada vez peor. Siempre que

241 trabajamos para agencias muy grandes

242 suelen intentar colarte algo.

243 E: Muy bien muchas gracias, S5.

244 Cuéntame tu forma de trabajar.

245 S5: Bueno, mi proceso, al trabajar con S4

246 en la misma empresa, es similar al de

247 ella, a lo que ella ha contado. A veces

248 son clientes directos, otros no.

249 Normalmente ella es la que abre los

250 proyectos. Bueno, también lo repartimos

251 entre nosotras, pero el primer paso para

SkEje · **Dif** · **Hum**

(218-221)
Durante la fase de ejecución de la traducción, S4 también señala tensiones de origen ético en su interacción con los gestores: «[...] surgen muchos problemas en medio que luego intentan que tú solventes unilateralmente por el mismo precio».

SkPrp · **SkEje** · **SkCtrl** · **Dif** · **Hum** · **Herr**

(222-238)
Para solventar los problemas y la desconfianza que generan una gestión deficiente por parte de las agencias y el desconocimiento de las dinámicas de traducción por parte de los clientes directos, S4 señala que en su agencia tienen implantado su propio sistema de gestión de proyectos que funciona de manera interna. Es un sistema de gestión que mantienen de manera colaborativa entre todos los miembros del equipo y se utiliza para distintos fines durante todas las fases del encargo de traducción: gestión de documentación (glosarios, guías de estilo), memorias de traducción, control de calidad automático, etc.

Dif · **Hum**

(238-242)
S4 insiste en varias ocasiones en la falta de desconfianza que mantiene respecto los gestores de proyectos de las agencias grandes.

SkPrp · **SkEje** · **Herr** · **Hum**

(245-258)
S5 indica que, al trabajar con S4 en la misma empresa, su forma de abordar un encargo es similar. Aporta datos adicionales, como por ejemplo que la herramienta que utilizan para su gestión interna es Project-Test. S5 también habla en estos momentos de la conversación en primera persona del plural y hace referencia a una dinámica de trabajo en equipo.

252   nosotros es abrir el proyecto en

253   ProjectTest. Viendo el recuento que

254   tenemos, intentar calcular los días que

255   necesitamos y tal para saber si es viable

256   el plazo de entrega, si se puede entregar

257   en la fecha que te pide el cliente e

258   intentar eso, hacer un número de palabras

259   al día. Después, a título personal si tengo

260   tiempo, siempre que termino la

261   traducción, me gusta echar una lecturilla

262   por si hay algún error que el *spelling*, que

263   el corrector gráfico no lo pilla y, no sé,

264   siempre me gusta si puedo —últimamente

265   que hay mucho trabajo no puedo— pero

266   cuando hay tiempo y tal me gusta darle

267   un toque final. Y bueno, ese es mi

268   proceso personal, parecido a lo que ha

269   contado S4.

270   E: Muy bien, muchas gracias. Por lo que

271   veo entonces las tres coincidís en que hay

272   una fase de preparación, una fase de

273   ejecución y una fase de control, de

274   entrega o control.

275   Todas: <asienten>

276   E: Dentro de cada una de estas fases,

277   ¿qué necesidades o qué dificultades

278   soléis encontrar y que herramientas usáis

279   para solventarlas? ¿Dificultades

280   habituales que encontráis y cómo las

281   solventáis? ¿A qué herramientas o

282   recursos acudís para solventarlas?

283   S3: Dificultades, ¿a qué nivel?

284   E: Pues dependiendo de la fase que sea,

285   identificar las dificultades que se

286   presentan y, a continuación, si es posible,

(259-267)

SkCtrl

Herr

S5 describe que en la fase final del encargo le gusta hacer una última revisión por si las herramientas no han detectado algún error y darle un «toque final».

287 indicar qué recursos o herramientas

288 utilizáis para solventarlas. ¿S4?

289 S4: Hablando de las tres fases del

290 proyecto ¿no? ¿El previo, luego la fase

291 propia de traducción y la fase de control

292 final?

293 E: Sí.

294 S4: Nosotros es que utilizamos una

295 herramienta de gestión de proyectos,

296 ProjectTest, que no sé si lo conocéis, es

297 muy parecida a muchas otras. Intentamos

298 siempre, tenemos por costumbre, una vez

299 que recepcionamos un proyecto, primero

300 asegurarnos de que todo funcione.

301 Aunque no podamos ponernos con el

302 proyecto en dos o tres días, comprobar

303 memoria, comprobar que los recuentos

304 coinciden, que todo se abre, que tenemos

305 claras las instrucciones del cliente que

306 muchas veces son jeroglíficas y no es

307 fácil descifrar qué quiere realmente el

308 cliente. Y últimamente, como cada vez

309 hay más variedad de herramientas de

310 ayuda a la traducción, hay que tener muy

311 claro qué versión quieren, si van a querer

312 el limpio o el sucio, etc. Todo eso antes.

313 Nosotros todo eso lo vamos escribiendo

314 en el General Information de ProjectTest,

315 donde vamos poniendo toda la

316 información que surge sobre el proyecto.

317 ProjectTest es nuestra base de trabajo en

318 las tres fases del proyecto ¿no? A veces

319 también utilizamos —que ya no se llama

320 Google Doc— Google Drive, para plasmar

321 los proyectos previstos, porque ProjectTest

SkPrp

SkEje

SkCtrl

Herr

SkPrp

Dif

Herr

SkPrp
SkEje
SkCtrl
Herr

(294-297)
Cuando se les pregunta por las dificultades de las fases de un encargo de traducción y los recursos o herramientas que emplean para solucionarlas, S4 alude de nuevo a su herramienta de gestión, ProjecText, que utilizan durante todo el proyecto. S4 describe con detalle la forma de abordar el encargo, incidiendo, una vez más en la gestión del mismo.

(298-312)
S4 señala que en la fase inicial la principal dificultad consiste en conocer la naturaleza del encargo («qué quiere realmente el cliente»), comprobar que ellos reciben todos los recursos (memoria, recuentos, archivos, etc.) y que estos son correctos y funcionan, así como asegurarse de que están claras las instrucciones del encargo («que muchas veces son jeroglíficas») y qué herramientas y configuración deben utilizar.

(313-318)
S4 explica que toda la información y las instrucciones del proyecto se consignan en la herramienta de gestión, ProjecText, que para ellos resulta de gran utilidad: «es nuestra fase de trabajo en las tres fases del proyecto».

322 no te permite esa opción. Entonces tú

323 muchas veces has dicho que sí a varios

324 proyectos, se van retrasando, pero como

325 ya has dicho que sí, da igual, el sí está

326 dicho. Esto aquí no (...), aunque las

327 fechas hayan cambiado, tú ya has

328 aceptado y es una manera también de

329 controlar el tiempo, dentro de lo posible,

330 la planificación del tiempo futuro.

331 Cuando recepcionamos, en el previo, lo

332 que hacemos, una vez que tenemos todo,

333 es eso: decidir a quién se le asigna.

334 Normalmente y para serte sincera es

335 quien esté libre, porque aquí todo el

336 mundo hace de todo. A no ser que, una

337 vez que empecemos, veamos que es algo

338 muy especializado, que, por ejemplo, es

339 médica. Pues le pedimos a un compañero

340 que sabemos que ya ha traducido para

341 esta cuenta: «Échale un vistazo a lo que

342 yo termine, por favor». Para asegurarnos

343 de que va en coherencia con lo que

344 hemos hecho anteriormente. Pero

345 normalmente el que se queda libre es el

346 que se hace cargo del proyecto: «¿Quién

347 queda libre antes? Pues tú te encargas de

348 tal, tal tal». Durante el proceso de

349 traducción, siempre guardamos en el

350 servidor las memorias generales de cada

351 cuenta —no me refiero a cada cliente, sino

352 a cada cuenta dentro de cada cliente—, y

353 aparte las que nos mandan para cada

354 proyecto. Solemos trabajar el proyecto,

(319-330)

SkPrp · Herr · Hum

S4 comenta que, para mantener cierto control sobre los proyectos que están por llegar a la agencia, utilizan Google Drive, que, como es sabido, es una suite ofimática en la nube que permite el trabajo colaborativo. S4 alude de nuevo a cuestiones éticas que afectan a la gestión de proyectos. Al igual que señalaba antes, una vez aceptado un proyecto, el cliente entiende que la aceptación de condiciones inicial se mantiene, incluso si el proyecto se retrasa.

(331-348)

SkPrp · SkCtrl · Hum

S4 indica que también forma parte de la fase inicial del proyecto la selección del traductor o del equipo que se encargará del mismo. En su caso, el criterio para asignar el trabajo se basa en la disponibilidad del traductor más que en su especialización, «porque aquí todo el mundo hace de todo». Únicamente en el caso de textos muy especializados se solicita a un compañero que ya haya trabajado con esa cuenta que realice una revisión final para garantizar la coherencia con encargos previos.

(348-361)

SkEje · SkCtrl · Herr

Durante la fase de ejecución y control, S4 hace referencia al uso de glosarios con MultiTerm y de memorias de traducción que crean y mantienen actualizadas para cada proyecto.

355   utilizando siempre como referencia la

356   que tenemos, y, una vez que se entrega el

357   proyecto, se actualiza la memoria que

358   tenemos en el servidor. ¿Qué más? Si hay

359   glosarios los ampliamos, bueno los

360   utilizamos con MultiTerm, ¿qué más, qué

361   más?

362   S5: Pero la pregunta era dificultades (…)

363   S4: Ah, ¿dificultades? Por ejemplo,

364   comunicación con los clientes. Yo echo

365   de menos una herramienta que me diga a

366   qué he respondido y a qué no. Os

367   parecerá una tontería, pero yo por la

368   mañana lo que hago es darle a *Reply* a

369   todo y dejar abiertos los mensajes sin

370   escribir y poco a poco entonces voy (…).

371   Entonces muchas veces tengo como 45

372   mensajes que responder y es complicado.

373   No conozco ningún cliente de correo que

374   me pueda realmente avisar, que pueda yo

375   categorizar qué tengo que responder

376   antes y qué tengo que responder después.

377   No he dado yo con la tecla todavía,

378   ¿existe?

379   S3: Hay una nueva que se llama (…),

380   luego te lo cuento (…) que se llama

381   Mailbox, actúa con Mailbox, que se va a

382   integrar con Dropbox. Yo no la he

383   probado todavía bien, la tengo instalada

384   en el móvil, pero creo que te permite

385   categorizar los correos por importancia,

386   tú los defines. Es complicado de

387   configurar, pero la gente, lo que he leído

388   en los *reviews,* funciona bastante bien.

389   Yo no lo he probado, pero que lo mires.

(362)

En este momento de la conversación S5 interrumpe a S4 y le indica que la pregunta inicial de la entrevistadora les instaba a señalar las dificultades del encargo.

`Hum`

(363-378)

S4 señala entonces que para ella la gestión de los correos electrónicos que intercambia con los clientes supone una gran dificultad, concretamente echa en falta una herramienta que indique a qué correos ha contestado y a cuáles no, y que categorice el correo por prioridad.

`Dif`

`HerrS`

`Hum`

(379-389)

S3 interviene para recomendar a S4 una nueva herramienta, Mailbox. Asistimos en directo a una interacción entre profesionales al uso de ilustrada por S1 en el otro grupo de discusión, cuando comentaba respecto a la funcionalidad de incorporar corpus en DéjàVu: «porque conozco gente que la está utilizando y está encantada con eso» (658-659); o cuando se refería a la existencia de otros métodos para abordar un encargo: «Hay otras ocasiones en las que he probado métodos que me aconsejan mis compañeros […]» (135-138). La propia S3 hace referencia aquí a las revisiones o reviews que otros traductores han hecho de Mailbox y que ella ha leído. Todas estas interacciones son, en nuestra opinión, evidencias de la dimensión social de la traducción.

`Hum`

`HerrS`

390 S4: Para mí la gestión de correos es muy

391 difícil, porque además no puedes valorar

392 cuánto tiempo te va a llevar por el

393 tamaño del proyecto. Hay proyectos que

394 tienen 200.000 palabras e intercambias

395 dos *e-mails* con el *Project Manager*,

396 porque todo está claro, y hay otros

397 proyectos de 20 palabras en el que te

398 viene de vuelta el archivo 500 veces, etc.

399 Entonces muchas veces es complicado.

400 S5: ¿Puedo interrumpirte? Yo

401 últimamente en proyectos que he estado

402 haciendo, la mayor dificultad que

403 encontrado ha sido la falta de

404 comunicación con el cliente. Por

405 ejemplo, me han surgido bastantes

406 *queries* y no me las ha contestado o he

407 visto que no han mostrado ningún

408 interés. Entonces eso me crea una

409 inseguridad a la hora de entregar un

410 proyecto. «Bueno yo he entregado esto,

411 pero no tengo la seguridad de que esté

412 perfecto, 100%». Hombre, puede

413 haber errores lógicamente, pero si no

414 encuentro que el cliente haya respondido

415 a mis *queries* y tal, pues eso me crea

416 cierta inseguridad. Y veo eso, que hay

417 una falta de comunicación, por lo menos

418 en los últimos proyectos que estado

419 haciendo, bastante, bastante importante,

420 eso es lo que (…)

421 E: S3, ¿alguna dificultad que quieras

422 comentar o añadir?

(390-399)

Hum

Herr

Dif

S4 incide en la idea de lo complicado que resulta para ella la gestión de correos y la imposibilidad de determinar, basándose en el tamaño del encargo, el tiempo que la gestión del correo requerirá. S4 hace referencia a la interacción con el gestor de proyectos de la agencia grande; cuando la información está clara, basta con intercambiar unos pocos correos, pero otras veces, aunque el proyecto sea pequeño, el número de intercambios puede ser considerable.

(400-420)

Hum

Dif

S5 interrumpe a S4 para comentar que la principal dificultad para ella también es la comunicación con el cliente. No obstante, no se centra en el número de correos que se intercambian y el tiempo que esto conlleva, sino, al contrario, en la ausencia de respuestas por parte del cliente. Así, explica que a veces le surgen dudas que envía al cliente a modo de queries, pero que el cliente no contesta o no muestra interés y esto le crea inseguridad a la hora de entregar un proyecto.

423 S3: Yo creo que son básicamente

424 parecidas. O sea, yo las dificultades a

425 nivel de preparación, la mayoría de mis

426 clientes me dan ya la información a nivel

427 de volumen de palabras y todo eso

428 bastante claro. O sea, que ahí no tengo

429 que buscar nada, a no ser que sea un

430 cliente directo que tenga que hacer yo un

431 análisis, etc. Durante la fase de

432 traducción, las herramientas que suelo

433 utilizar son las memorias del cliente.

434 Algunas veces tengo acceso a esas

435 memorias por la base de datos de ellos,

436 por su portal, como estamos diciendo, y

437 otras veces tengo las memorias yo del

438 cliente, porque tengo acceso a ellas por

439 Dropbox o lo que sea; compartimos la

440 memoria y puedo consultar la

441 información allí, o los glosarios. O sea,

442 casi toda la información, casi todas las

443 dificultades lingüísticas las suelo

444 solventar con la formación del cliente,

445 tanto memorias, como glosarios, como

446 guías de estilo. Y luego, por supuesto,

447 otro tipo de dificultades lingüísticas, con

448 diccionarios electrónicos, corpus, con lo

449 que sea, dependiendo del tema, pero

450 básicamente así.

451 E: Centrándonos en esas dificultades más

452 de traducción, ¿qué herramientas sueles

453 utilizar?

454 S3: Es que casi todo lo que suelo utilizar,

455 lo principal son las memorias y los

456 glosarios del cliente.

457 E: ¿Y aparte de eso?

SkEje

Dif

Herr

(423-450)
S3 señala que la mayoría de sus clientes no son directos (entendemos que son agencias o empresas habituadas a los flujos de traducción), por lo que la fase de preparación no es compleja. S3 suele recibir el volumen de palabras y el resto de la información con bastante claridad. Durante la fase de ejecución de la traducción, S3 también acostumbra a recibir todos los recursos necesarios; concretamente describe que recibe acceso a las memorias de traducción, que son su principal recurso, a través de la base de datos o el portal del cliente, o a través de Dropbox (herramienta en la nube). S3 concluye que la mayoría de los recursos que necesita para afrontar las dificultades de la traducción (memorias, guías de estilo, glosarios), así como el resto de la información del proyecto los recibe directamente del cliente. Para el resto de dificultades lingüísticas recurre a diccionarios electrónicos y corpus.

458 S3: ¿Aparte de eso? Diccionarios, pues a

459 lo mejor consulto mucho diccionarios

460 que sean especializados en el campo o

461 monolingües en inglés. Casi siempre

462 cuando tengo dificultades de traducción,

463 suele ser porque no estoy entendiendo

464 bien, por lo que sea, el inglés. Entonces

465 suelo consultar qué es lo que estoy

466 traduciendo, por ejemplo, cualquiera —

467 *Collins*, *Webster* o cualquiera de estos—

468 lo consulto para enterarme bien de qué es

469 la traducción. Y ya a nivel de

470 terminología especializada, pues ahora

471 mismo no te puedo decir, pero bases de

472 datos, listas que tengo de bases de datos

473 terminológicas, que, dependiendo del

474 tema de la traducción que sea claro.

475 S4: Nosotras como trabajamos en equipo,

476 hacemos nuestra búsqueda personal y, si

477 vemos que la duda no se solventa, para

478 mí la ayuda más grande es Skype, que

479 tenemos creado un grupo entre todas y

480 ponemos: «Tal, ¿qué os parece eso?». Y

481 son cuatro o cinco cabezas pensando

482 sobre el término y siempre llegamos a un

483 consenso y nos ayudamos unos a otros.

484 E: Y esa búsqueda personal previa que tú

485 haces, ¿dónde la realizas?

(454-474)
Cuando preguntamos si utiliza otras herramientas, S3 recalca que sus recursos principales son las memorias y glosarios que le proporciona el cliente. No obstante, cuando insistimos, S3 revela que sus dificultades de traducción suelen tener como causa la falta de comprensión del texto de origen, por lo que recurre a diccionarios especializados o monolingües de la lengua meta (*Collins*, *Webster*, etc.). Para solucionar las dificultades terminológicas, acude a bases de datos terminológicas especializadas.

| Herr |
| Dif |
| SkEje |

(475-483)
S4, alude de nuevo a su forma de trabajar basada en el equipo. Explica que para solucionar dificultades terminológicas en primer lugar realiza una búsqueda individual, pero, si la duda no se solventa, acude a un grupo de chat que tienen creado en Skype todos los miembros del equipo. S4 destaca las ventajas de la suma de inteligencias («son cuatro o cinco cabezas pensando sobre el término»), así como la importancia de buscar un consenso y ayudarse entre sí.

| Hum |
| Dif |
| HerrS |

(486-497)
Cuando le preguntamos a cerca de cómo realiza su búsqueda individual, S4 responde que depende de la temática. Por ejemplo, de los glosarios de Microsoft destaca su carácter libre, el hecho de que están disponibles para que cualquier los consulte. Incidiendo una vez más en las interacciones con otros traductores, S4 comenta que los becarios que han pasado por su agencia le han facilitado largas listas de diccionarios online, aunque también señala que no considera que dichos diccionarios sean fiables. En su opinión, el Diccionario de la lengua española (RAE) y el Diccionario panhispánico de dudas sí que son recursos de referencia.

486 S4: Pues depende. Cuando es algo
487 técnico, siempre están los glosarios de
488 Microsoft, que están ahí libres para que
489 todo el mundo acceda. He aprendido
490 mucho de los becarios. Los becarios
491 tienen una lista de diccionarios *online*
492 impresionante que yo he ido adaptando,
493 de los cuales yo muchas veces no me fío
494 nada. He buscado mucho en la *RAE* listas
495 de países (…). La *RAE* es para nosotros
496 una referencia y el *Panhispánico de*
497 *dudas* también.

Hum

Herr

(498-500)
S3 añade que ella también utiliza los recursos de la Fundéu (Fundación del Español Urgente) y el Corpus de Referencia del Español Actual (corpus CREA).

498 S3: Fundéu también, el corpus *CREA*.
499 Para mí el corpus *CREA* para dudas
500 lingüísticas (…)
501 S4: Ese no lo conocemos.
502 S3: El corpus de la RAE. El corpus
503 *CREA* es casi todo de periódicos y
504 publicaciones así. Entonces para dudas
505 lingüísticas en español del tipo ¿»confiar
506 en» o «confiar a»? Bueno, esa es fácil,
507 pero en algunas dudas de colocaciones y
508 cosas así, el corpus *CREA* a mí me
509 funciona bastante bien.

Herr

(501-509)
De nuevo, asistimos a una interacción entre profesionales en la que uno realiza una recomendación a otro. En este caso, S4 explica a S3 las ventajas del corpus CREA.

Herr

Hum

510 S4: Luego cuando hacemos control de
511 calidad y cosas así, pues tenemos aquí
512 nuestro Sousa y esas cosas también las
513 utilizamos. Y el *Manual de*
514 *ortotipografía* y esas cosas.
515 E: S5, cuéntanos alguna experiencia
516 personal en cuanto a las herramientas y
517 recursos que utilizas tú.

Herr

SkCtrl

(510-514)
S4 añade que para las tareas de control de calidad, les resulta de ayuda las obras de Martínez de Sousa.

518 S5: Bueno, yo más o menos igual que lo
519 que han dicho mis compañeras:
520 memorias de traducción, fundamental,
521 bases de datos terminológicas también si
522 el cliente te las proporciona, diccionarios
523 también lógicamente. También, como ha
524 dicho S4, los glosarios de Microsoft,
525 cuando es alguna traducción dedicada a
526 tecnología y tal. No sé (…), a título
527 personal me suelo meter en portales de
528 traductores, ProZ, y tal para realizar
529 consultas. Después si veo una definición
530 de un término o la traducción de un
531 término, tampoco me fío 100% de lo que
532 dicen. Pero bueno, yo después hago mis
533 búsquedas en Google y tal, para ver si
534 realmente esa traducción se utiliza o está
535 aprobada.
536 E: ¿Hacéis los demás también búsquedas
537 en Google?
538 S3: Muchas.
539 S4: Yo en Google nunca, yo en Yahoo.
540 Simplemente por buscar en otro sitio,
541 porque sé que las demás buscan todas en
542 Google. Entonces yo siempre, por crear
543 más variedad.
544 Todos: <risas>
545 S4: Como casi todo el mundo busca en
546 Google, pues yo busco en otra, no por
547 llevar la contraria, sino (…). Aparte que
548 siempre busco en Yahoo, porque me sale
549 un listado distinto. He comprobado y es
550 distinto. Entonces a veces digo: «Pues a
551 mí sí me sale no sé qué». Y a lo mejor en
552 Google no ha salido, o al revés.

SkEje

Dif

HerrS

Herr

(518-535)
Cuando preguntamos a S5, alude a las mismas herramientas señaladas por las otras entrevistadas (memorias, bases de datos terminológicas, diccionarios, glosarios de Microsoft, etc.) y añade que para un primer acercamiento ella recurre a ProZ, el foro de traductores. No obstante, señala que no se fía completamente de lo que allí se sugiera y que contrasta esa información de otro modo. Por ejemplo, en el caso de términos que encuentra en ProZ, realiza búsquedas en Google (*Web as a Corpus*) para comprobar el uso de dichos términos en contexto.

Herr

Hum

(538-552)
Cuando preguntamos a las demás si también realizan búsquedas en Google, S3 confirma que sí realiza muchas búsquedas en Google. No obstante, S4 señala que ella busca pero en otro buscador, Yahoo, porque sabe que todo el mundo busca en Google y ha constatado que los resultados no son los mismos que arroja Yahoo: «[…] por crear más variedad».

(553-556)
S3 repite que sí busca mucho en Google y añade que también utiliza mucho Wikipedia. Constatamos que es la primera vez que se menciona la enciclopedia online en esta conversación y que S3 la trae a colación por iniciativa propia, sin que la entrevistadora la haya interpelado en este sentido. Observamos, además, que S5 confirma inmediatamente que ella también la utiliza y que todas ríen con complicidad.

SkEje

Herr

Wik

(557-559)
S3 continúa con su alusión a Wikipedia, sugiriendo que lo utiliza siendo consciente de sus limitaciones y que es conveniente ser muy crítico.

Wik

(560)
S4 añade un punto de vista interesante e inexplorado, en nuestra opinión, hasta el momento. Nos referimos al hecho de que S4 afirma que, a pesar la conveniencia de ser muy crítico a la hora de utilizar Wikipedia, en realidad se trata de un recurso que estaría bien valorado por los clientes: «Tienes que ser muy crítico, pero los clientes lo adoran».

Wik

(563-564)
Redundando en lo anterior, S4 explica que cuando ella justifica ante un cliente una decisión, basándose en Wikipedia, los clientes asumen como válida esa traducción, respetan Wikipedia: «Tú le dices a un cliente 'Viene en Wikipedia' y te dice '¡Ajá!, lo respetan».

Wik

553 S3: En Google mucho. Yo también tiro
554 de Wikipedia.
555 S5: Sí, sí, también, también.
556 S3, S4, S5: <risas>
557 S3: Yo sé que Wikipedia tiene su (…), yo
558 sé que tienes que ser muy crítico, pero
559 (…)
560 S4: Tienes que ser muy crítico, pero los
561 clientes lo adoran.
562 S3: Pero (…)
563 S4: Tú le dices a un cliente «Viene en
564 Wikipedia» y te dice «¡Ajá!», lo respetan.

565	S3: Pero la gente que sabe cómo
566	funciona Wikipedia sabe que lo tiene que
567	mirar desde un punto de vista crítico.
568	Pero a lo mejor si me sale algún término,
569	alguna cosa rara que no conozca bien,
570	pues busco en Wikipedia: «¿Oye, esto de
571	qué es, esto cómo iba, cómo funciona?»
572	S5: Sí, sí.
573	S3: Y busco en Wikipedia también para
574	hacerme, para la idea general. Luego no
575	lo utilizo como una herramienta de
576	traducción, que mucha gente a lo mejor
577	te dice: «Pues en Wikipedia esto está en
578	inglés, ¿a ver cómo ésta español?». Claro,
579	eso es un peligro, pero para saber más o
580	menos del tema, también tiro de
581	Wikipedia.
582	S4: Sí claro, sí, sí.
583	S5: Sí, y, bueno, programas también para
584	hacer QA también es interesante, ¿no?
585	hablar (…)
586	S4: Sí, claro también a la hora de tener
587	un glosario del cliente lo cotejamos
588	automáticamente.
589	S3: ¿Con ApSIC Tools?
590	S4: No, nosotras (…)
591	S5: Sí, también.
592	S4: También tenemos ApSIC Tools, pero
593	solemos trabajar con QA Destiller.
594	S3: ¡Ah!

Wik

(565-571)
S3 insiste en que aquellos que saben cómo funciona Wikipedia son conscientes de que es necesario utilizarla con un punto de vista crítico. No obstante, explica que ella recurre a Wikipedia para solucionar dudas terminológicas y para tener una idea general, un primer acercamiento al elemento que le causa la dificultad.

Wik

(572)
S5 expresa su acuerdo con S3 en cuanto a la afirmación anterior sobre Wikipedia.

Wik

CWik

(573-581)
S3 repite que utiliza Wikipedia para hacerse una idea general. S3 trata de distanciar su comportamiento del de aquellos que utilizan Wikipedia cambiando de una versión en un idioma a otra para ver como aparece un determinado término. S3 considera que ese tipo de búsquedas son arriesgadas, pero que Wikipedia sí es útil para documentarse sobre un tema, en general.

CWik

(582)
S4 está de acuerdo con el comentario anterior de S3.

Herr

(583-585)
S5 cambia de tema y hace referencia a las herramientas de control de calidad y su utilidad para los traductores.

Herr

(586-588)
S4 señala que esas herramientas son útiles también para revisar automáticamente los glosarios de los clientes.

Hum

Herr

(589-594)
Se produce una nueva interacción entre las entrevistadas. En esta ocasión, S3 le pregunta si la herramienta de revisión automática que utilizan es ApSIC Tools. S4 responde que tienen ApSIC Tools, pero la que suelen utilizar es QA Destiller.

(595-597)
La entrevistadora trata de recuperar el hilo argumental centrado en Wikipedia y pide a S4 que retome la idea que expresó anteriormente acerca de que los clientes respetan Wikipedia.

595   E: Me interesa, S4, eso que has dicho de

596   que tus clientes respetan Wikipedia.

597   ¿Puedes elaborar esa idea?

598   S4: Sí, tanto Wikipedia como Google. Te

599   pongo un ejemplo, hace 2 días nos dicen

600   que «paquete de vacaciones» no, sino

601   «vacaciones combinadas». Y le digo yo al

602   cliente: «No, vacaciones combinadas, no,

603   paquete de vacaciones». E

604   inmediatamente me dice el cliente: «Es

605   verdad, viene en Wikipedia y encontré

606   38.000 *hits* en Google». Y entonces ya

607   «paquete de vacaciones». Y no nosotros,

608   como hablantes especializadas

609   profesionales, sino que ha hecho la

610   búsqueda y viene «paquete de

611   vacaciones» 200.000 y, no sé. Que al final

612   en realidad pueden más los hits de Google

613   o lo que aparezca en Wikipedia que tus

614   criterios de lingüista especializado en un

615   idioma.

Wik

Herr

(598-615)
S4 expresa que los clientes respetan tanto Wikipedia como Google. Para ilustrar su afirmación comenta el caso de un cliente con el que estaba discutiendo acerca de la idoneidad de emplear un término en una determinada traducción. S4 y su cliente tenían opiniones encontradas. Finalmente, el cliente aceptó el término propuesto por S4, porque, tras realizar una búsqueda en Wikipedia y en Google, encontró que dicho término era el que aparecía recogido en la enciclopedia en línea y también el que arrojaba más resultados («hits») al buscarlo en Google. S4 se lamenta de que el factor determinante no fue su opinión como lingüista experta, sino los resultados que aparecían en Google y Wikipedia.

616   E: ¿Y vosotras mismas también hacéis

617   esas búsquedas directas en Google en

618   plan corpus a ver si algún término o

619   alguna fraseología se utiliza, tiene más

620   *hits*, menos *hits*?

621   S4: Yo no.

622   S5: Sí, entre comillas, ¿no? para (…)

623   S4: Ah, bueno.

624   S3: Asegurando (…) sí, perdona.

625   E: ¿Entrecomillado?

626   S5: Sí, sí, sí, eso era.

627   S3: Y buscando que sea Google España.

Herr

(616-636)
La entrevistadora les pregunta si ellas realizan también búsquedas en Google (Web as a corpus) para comprobar el número de veces que aparece o ver el término en contexto. Tras un primer momento de confusión, todas admiten hacerlo y demuestran un uso avanzado de los buscadores. Utilizan por ejemplo comillas y elementos de la búsqueda avanzada para acotar las búsquedas.

628 S5: Efectivamente.

629 S3: Y resultados «de» España.

630 S4: «De España»

631 S5: Efectivamente.

632 S3: O sea, filtrando la búsqueda, que no

633 sea exactamente Google.es, sino

634 resultados «de España».

635 S5: Sí, sí.

636 S3, S4, S5: <asienten>

637 E: ¿Y dentro de Wikipedia hacéis

638 también ese tipo de búsquedas?

639 S4: No.

640 S5: No.

641 E: En tu caso, S3, ¿solamente para

642 documentarte?

643 S3: Sí, en Wikipedia para documentarme,

644 para saber de qué va un tema. A lo mejor

645 utilizo las fuentes de Wikipedia del

646 artículo para ya buscar más terminología

647 que para mí sea más fiable.

648 E: ¿Las que aparecen al final, no?

649 S3: Si, eso suelo consultarlo bastante, por

650 si es un artículo a lo mejor de alguna

651 revista o de algo que me parezca más

652 fiable que Wikipedia, porque como

653 nunca sabes realmente de dónde viene la

654 información. Pero ¿para informarme? sí,

655 muchísimo.

656 E: ¿Y en tu caso, S4, tú haces búsquedas

657 en Wikipedia, la utilizas de alguna forma

658 en tu trabajo?

659 S4: ¿Yo Wikipedia? Sí, hombre, la

660 utilizo un montón. A veces vemos

661 muchos errores. Me viene otra vez a la

662 mente, porque últimamente, no sé por

Wik

(641-655)
La entrevistadora insiste para conocer con mayor precisión cómo utilizan los sujetos Wikipedia. S3 repite que la utiliza mucho para documentarse sobre un tema y añade que también recurre a las fuentes que aparecen recogidas al final de los artículos entre las que puede haber fuentes más fiables.

663   qué, todas hemos tenido que traducir

664   listas de países, montones de listas de

665   países. Y la *RAE*, el *Panhispánico de*

666   *dudas* trae una lista actualizada de países

667   y capitales y muchas estaban mal en

668   Wikipedia. Miramos en Wikipedia

669   porque también te lo asocia con el

670   término en inglés en otros idiomas y nos

671   servía de referencia, pero cuando te ibas

672   a la lista de la RAE muchas veces, bueno,

673   la acentuación era distinta, había tilde o

674   no había. Wikipedia no acertaba con la

675   grafía que le gusta a la RAE en muchas

676   ocasiones. Entonces hay que andar con

677   cuidado. Nombres de islas pequeñas y

678   pequeñas cosas así.

679   S3: Depende también de quién haya

680   escrito el artículo de Wikipedia ¿no? Si

681   tú sabes que el artículo es de alguna

682   institución o tú sabes que hay una

683   persona manteniéndolo. Se me ocurre lo

684   de la oficina o la campaña de Barak

685   Obama ¿no? Que lo llevaban ellos. Pues

686   entonces si son cosas de Wikipedia,

687   artículos de Wikipedia de alguna

688   institución, de alguna universidad, pues a

689   lo mejor pienso que eso lo lleva alguien

(658-678)

Tras preguntarle directamente la entrevistadora a S4 acerca de cómo utiliza Wikipedia, la sujeto revela que la utiliza mucho. No obstante, señala que ha constatado que Wikipedia contiene muchos errores, al menos respecto a la ortotipografía que se recomienda en fuentes fiables para S4, como el Diccionario de la lengua española («RAE») y el Diccionario panhispánico de dudas. Pone como ejemplo un listado de países y capitales que han tenido que traducir recientemente. Indica que utilizaron Wikipedia como punto de partida, porque les resultaba de utilidad el hecho de que se asocia un término en varios idiomas. No obstante, posteriormente cotejaron las propuestas de Wikipedia con la grafía empleada en sus fuentes fiables y vieron que no siempre coincidían. Constatamos que este procedimiento de búsqueda de un término en Wikipedia, cotejo con otro idioma (cambio a la versión de Wikipedia en otro idioma) y posterior comparación de los resultados mediante otras fuentes parece ser un procedimiento habitual entre los traductores que participaron en nuestras entrevistas.

(679-692)

S3 expresa que, en su opinión, la fiabilidad de un artículo de Wikipedia depende de quién lo haya escrito. S3 tiene la impresión de que hay determinados artículos (cita, por ejemplo, los que tratan sobre instituciones, universidades, sobre Barak Obama) que son más fiables que el resto, porque hay personas encargadas de su redacción o mantenimiento. Desconocemos la existencia de esa forma de autoría en Wikipedia, aunque es posible que S3 se esté refiriendo, erróneamente, a los denominados «Wikipedian in residence».

Wik

Wik

690   que está manteniendo este contenido y

691   que me parece más fiable que otro, pero,

692   en general, para terminología, no.

693   E: ¿Y tú sabes cómo hacer ese tipo de

694   búsquedas en el sentido de averiguar

695   quién está detrás del artículo?

696   S3: Simplemente mirándolo (…) no,

697   claro, no. No lo sé. No sé quién está

698   detrás. Miro sobre qué es el artículo, si es

699   ¿yo qué sé? el Ministerio de Educación,

700   pues entonces (…) y veo que me parece

701   que lo ha hecho el Misterio de

702   Educación, <risas> pues entonces me

703   lo creo.

704   E: ¿Y vosotras tenéis, S5, tienes alguna

705   pauta para saber quién ha escrito un

706   artículo de Wikipedia?

707   S5: No, la verdad es que no. Yo consulto,

708   por ejemplo, si me viene la opción

709   también en español, lo miro; también

710   compruebo que se utilice comúnmente y

711   tal, que esté correcto, pero no investigo

712   cuál es la fuente.

713   S3: Y que tenga muchas fuentes.

714   S5: ¡Ajá!

715   S3: Porque no sé, leí en alguna ocasión

716   que si tenía varias fuentes, pues que era

717   mejor calidad, no sé. Entiendo que es

718   porque la persona se ha informado mejor.

719   S5: ¿Se ha informado mejor? Pues no lo

720   sabía yo eso.

721   E: Algún otro criterio, S3, que utilices

722   para evaluar fuentes, la fiabilidad del

723   artículo, porque entiendo que lo que más

724   os preocupa es la fiabilidad, ¿no?

Wik

(693-703)
La entrevistadora pregunta a S3 si conoce cómo determinar la autoría de los artículos. Este hecho determinaría un conocimiento avanzado de Wikipedia por parte de S3, pero la entrevistada no sabe muy bien cómo responder.

Wik

(707-712)
S5 tampoco parece tener conocimiento avanzados sobre Wikipedia. Explica que simplemente consulta Wikipedia siguiendo el modo de alternar versiones antes descrito.

Wik

(713-718)
S3 cree que si un artículo tiene muchas fuentes citadas al final esto es indicativo de una mejor calidad.

Wik

(721-726)
Cuando la entrevistadora les pregunta si conocen algún otro criterio para determinar la fiabilidad de los artículos de Wikipedia, las sujetas no responden y solo ríen tímidamente, lo que sugiere que no.

725 S3, S4, S5: <risas>

726 S3: Depende de para qué. Si es para

727 documentarme solamente y veo que el

728 artículo está completo, que tiene algunas

729 fuentes al final de referencia, pues para

730 documentarme bien. Si fuera ya para algo

731 de tecnología a lo mejor si miraría mejor

732 las fuentes del final, si hay varias (…). Es

733 que realmente no sé ver quién ha escrito

734 el artículo. Tiene que haber una forma,

735 pero no sé.

736 E: S4, en tu caso, ¿tienes algún criterio

737 para evaluar la fiabilidad de un artículo?

738 S4: Es absolutamente intuitivo. Muchas

739 veces tú ves por intuición cuando algo no

740 está redactado coherentemente (…)

741 S3: Te suena (…)

742 E: ¿La redacción, sí?

743 S4: Pero es algo más de intuición que

744 realmente un criterio empírico que yo

745 sigo (…)

746 S3: ¡Ajá!

747 S4: Probablemente hay muchas cosas que

748 Lees en Internet que dices: «¡Uf! ¿Esto lo

749 han hecho?». Y descartas

750 automáticamente. Otras cosas sí te parece

751 que están más serias. Parece poco

752 ortodoxo, pero creo que es más intuitivo

753 que otra cosa <risas>. Cuando una ya ha

754 leído millones de palabras tiende a saber

755 cuándo es una redacción más cuidada,

756 cuándo se ha puesto empeño en ella, no

757 sé.

758 E: ¿Algún otro uso que se os ocurra para

759 Wikipedia? Habéis dicho que para

760 documentaros, para buscar fuentes

(726-735)

Wik

S3 indica que, para determinar la calidad y fiabilidad de un artículo a la hora de documentarse, ella se fija en si el artículo está completo y si tiene fuentes al final. Después de dudar unos instantes, expresa que realmente no conoce criterios para evaluar los artículos.

(738-757)

Wik

S4, señala que la evaluación de la fiabilidad de un artículo de Wikipedia o de los recursos de Internet en general es, en su caso, algo «absolutamente intuitivo» y que se fija, por ejemplo, en el estilo de la redacción, pero reconoce que no sigue un criterio objetivo. S4 expresa que su experiencia, al haber leído millones de palabras, le ayuda en este sentido.

761   fiables.

762   S3: Fotos.

763   E: ¿Fotografías, sí?

764   S3: Para saber cómo es algo. No sé si os

765   pasa a veces que tenéis que traducir un

766   algo <risas>.

767   S4: Nosotros usamos mucho Images.

768   S3: Google Images.

769   S4: Muchísimo.

770   S5: <asiente>

771   S3: También.

772   S4: Para aparatología de (…) pues sobre

773   todo en medicina, en cirugía, para todos

774   estos aparatos extraños que siempre, para

775   saber cómo son (…)

776   S3: Ajá.

777   S4: Porque para mí una de las cosas más

778   difíciles de traducir son las instrucciones

779   de «Insertar el catéter, tire por la

780   izquierda (…)».

781   S3: ¡Uf!

782   S4: El visualizar eso, que necesito

783   visualizarlo para expresar bien el acto

784   que tiene que hacer el usuario es muy

785   complicado y para eso el Images es muy

786   útil (…)

787   S3: Es muy bueno.

788   S4: Porque teniendo ya el aparato en

789   mente eres capaz de decir: «Tire de aquí,

790   introduzca el catéter». Me facilita

791   muchísimo la labor de algo tan irreal

792   como eso.

793   S3: Lo bueno es que luego, o sea, yo

794   también suelo utilizar más Google

795   Images para eso, pero lo bueno que tiene

Wik	**(762-766)**
SkEje	Volviendo a los fines para los que suelen acudir a Wikipedia, S3 señala que las imágenes que contiene la enciclopedia le resultan de utilidad «para saber cómo es algo» que tiene que traducir.
Dif	

	(767-792)
Dif	S4 indica que para ese fin ellos usan Google Images. Por ejemplo, a la hora de traducir textos sobre aparatología médica, suelen tener dificultades para comprender el texto de origen y les ayuda poder visualizar un objeto o procedimiento. S3 y S5 asienten y parecen estar de acuerdo.
Herr	

796   Wikipedia es que si buscas lo que sea en

797   inglés, no sé, si el texto fuente es en

798   inglés, puedes ver la imagen relacionada

799   con el texto y a mí eso me ayuda, porque

800   veo la imagen y veo la explicación.

801   Entonces eso me ayuda a ver: «¡Ah!,

802   pues mira, sí esto significa esto».

803   S4: Pero en Yahoo Images la imagen te

804   lleva también al artículo original.

805   S3: Pero el artículo original puede o no

806   ser una explicación.

807   S4: Sí, a veces funciona, y a veces no.

808   S3: Sí.

809   E: Y como fuente de información

810   lingüística, tipo lexicográfica,

811   terminológica, diccionario, ¿usáis

812   Wikipedia para esos fines?

813   S3, S4, S5: (…)

814   S4: No realmente.

815   S3: Algunas veces, siempre

816   contrastándolo luego.

817   E: ¿Y llegáis a Wikipedia a través de un

818   buscador, por ejemplo, como resultado

819   de Google o hacéis búsquedas directas en

820   Wikipedia?

821   S5: Yo normalmente a través de Google.

822   S4: Sí, quizá sí, más a través de Google

823   que teniendo Wikipedia abierto, depende

824   del proyecto, de lo que sea. Yo me fijo

825   más en Wikipedia, no sé por qué, cuando

(793-802)

| Wik |

| Herr |

| Dif |

S3 puntualiza que, a pesar de que ella también utiliza Google Images, la ventaja que tiene Wikipedia en este caso es que, mientras en Google Images las imágenes suelen aparecer des-contextualizadas, en Wikipedia es posible ver el texto relacio-nado con la imagen y el esto le ayuda a comprender mejor el texto de origen.

(803-808)

| Hum |

| Herr |

| Dif |

En una nueva interacción entre los entrevistados, S4 apunta que en Yahoo Images las imágenes suelen contener un vínculo con el sitio web de origen donde aparecen publicadas, a lo que S3 objeta que, a pesar de ser cierto, la web original no siempre ofrece una explicación de la imagen ni está relacionada con la misma.

(809-816)

| Wik |

| Dif |

La entrevistadora pregunta a las sujeto si utilizan Wikipedia como fuente de información lin-güística, lexicográfica o termino-lógica, a lo que ellas responden que no. S3 lo matiza indicando que solo utiliza Wikipedia para esos fines algunas veces y siempre contrastando luego la información.

(817-821)

| Herr |

| Wik |

Cuando se les pregunta por la forma en la que acceden habi-tualmente a Wikipedia (si a tra-vés de los resultados de Google o a través de búsquedas directas en Wikipedia), S5 indica que ella suele acceder a través de Google. Esta forma de acceso sugeriría un uso de Wikipedia accidental o no premeditado.

(822-830)

S4 contesta que suele acceder a través del buscador, pero que depende del proyecto. Por ejemplo, señala que en los encargos de temática social, demográfica o geográfica, suele tener Wikipedia abierta y realiza búsquedas directas. Esto indicaría que S4 es consciente de que Wikipedia le resulta más útil en este tipo de encargos y que, al menos en estos casos, la consulta de la enciclopedia obedece a un plan de búsqueda.

Herr	
Wik	

826   es algo de ámbito social. A lo mejor

827   medicina no tengo abierto Wikipedia,

828   pero algo más social, demográfico,

829   geográfico, sí que lo tengo ahí abierto,

830   depende de la temática.

831   E: ¿En tu caso S3?

832   S3: Pues cuando quiero buscar en

833   Wikipedia, o sea, cuando utilizo

834   Wikipedia casi siempre es porque quiero

835   buscar en Wikipedia. Entonces

836   directamente en la dirección ya pongo

837   Wikipedia, ya me sale y entro. O

838   directamente con el motor de búsqueda

839   del navegador.

840   E: ¿Seleccionas que quieres buscar en

841   este recurso en concreto?

842   S4: Sí.

843   S3: Sí.

844   S3: Sí, también a veces por medio de

845   Google, pero cuando entro en Wikipedia

846   es porque he estado buscando en

847   Wikipedia.

848   E: ¿Alguna de vosotras ha participado

849   creando, modificando contenido en

850   Wikipedia?

851   S5: No.

852   E: ¿Ninguna de las tres?

853   S3, S4, S5: <niegan>

(832-839)

S3 argumenta que cuando busca en Wikipedia (ya sea escribiendo «Wikipedia» en el cuadro de búsqueda o seleccionado «Wikipedia» como recurso de búsqueda) es porque quiere buscar en Wikipedia, es decir, que obedecería a un plan trazado.

Wik

(848-853)

La entrevistadora pregunta a las entrevistadas si han participado alguna vez en Wikipedia creando o modificando contenido, a lo que responden que no. Este hecho indica que las sujeto obedecen a un perfil de usuario con un nivel de participación bajo en Wikipedia.

Wik

854	E: S5, en tu caso ¿qué opinas de
855	Wikipedia, en el sentido de la fiabilidad,
856	si es fácil de usar, si es útil para ti como
857	traductora, si es un recurso poco fiable o
858	arriesgado?
859	S5: ¿Útil? Hombre (…) ¿Fiable?
860	Tampoco es 100% fiable, pero bueno, ya
861	tú te encargas después de realizar
862	comprobaciones. Pero bueno, la verdad
863	es que muchas veces a mí me ha salvado
864	más de una traducción que no
865	encontraba. Sobre todo la rapidez.
866	S3: Sí.
867	S5: Sí, cuando te viene en distintos
868	idiomas, pues haces clic en español y,
869	por lo menos, es rápido a la hora de
870	encontrar un término. Pero claro, siempre
871	100% fiable, no diría.
872	S4: Claro, no simplemente plasmas el
873	término en español y ¡hala! Para realizar
874	búsquedas sobre ese término, si el
875	término está bastante claro y su
876	definición, sí se puede utilizar sin
877	problemas, sí. Pero, claro, otras veces,
878	debería comprobarse.
879	E: En tu caso, S4, ¿qué opinión te
880	merece?
881	S4: ¿Wikipedia? ¿A ver qué sería el
882	mundo sin Wikipedia? Es que (…) yo
883	qué sé. Hasta la *Encyclopaedia Britannica*
884	tenía errores cuando eran simplemente
885	tomos. Ahora es porque Wikipedia tiene
886	una facilidad de actualización a tiempo
887	real que es muy útil. Nosotros traducimos
888	muchas cosas de noticias de desastres en

(854-865)
Seguidamente, la entrevistadora les pregunta por su percepción de Wikipedia en cuanto a la fiabilidad, facilidad de uso y utilidad de la enciclopedia para ellas como traductoras. S5 se muestra dubitativa y parece indicar que no le resulta muy útil y tampoco fiable al 100% y que, por este motivo, luego se debe contrastar la información. No obstante, señala que muchas veces Wikipedia «le ha salvado» una traducción que no encontraba. La característica que más valora de Wikipedia es su rapidez. S3 está de acuerdo con esta valoración de S5.

(867-871)
S5 valora de Wikipedia que el hecho de que es multilingüe y resulta fácil pasar de un idioma a otro. Esta rapidez para ofrecer una propuesta de partida es muy valorable según S5, aunque luego haya que contrastar la información.

(872-878)
S4 esgrime que en Wikipedia no siempre basta con buscar un término en el idioma de origen y pasar a la versión de Wikipedia en el idioma de destino. Solo en algunos casos, si está muy claro, es posible aceptar esa solución inmediata, pero el resto de las veces debería comprobarse con otras fuentes.

(881-902)
S4 compara Wikipedia con la *Encyclopaedia Britannica* y señala que incluso esta última tenía errores. S4 destaca que una característica destacable de Wikipedia es su nivel de actualización y la rapidez con la que es posible encontrar información.

889	el mundo, por una compañía de seguros
890	con la que trabajamos que les preocupa:
891	«Nuestra asegurado en tal país va a
892	cobrar (…)». Y Wikipedia en seguida
893	plasma cualquier cosa. Me parece
894	impresionante que se muere un músico
895	de jazz y a los 5 minutos ya está puesta la
896	fecha de la muerte y el día en Wikipedia.
897	Esto es muy valorable, la actualización a
898	tiempo real. ¿Si yo podría seguir
899	desempeñando mi labor del mismo modo
900	sin Wikipedia? Yo creo que sí, pero sí
901	que también en muchas ocasiones me
902	llevaría más tiempo llegar a lo mismo.
903	S3: Es que además Wikipedia ahora,
904	como enciclopedia *online*, es que es
905	realmente, no sé, es la que te ofrece más
906	información. Yo lo comparo a veces con
907	Google, es como el Google de las
908	enciclopedias. La inmediatez que decía
9090	S4, que está todo muy actualizado de
910	forma muy rápida y el gran volumen de
911	información que tiene y en tantos
912	idiomas.
913	S4: Y aunque sea mentira, se convierte
914	en verdad al ponerlo en Wikipedia, con
915	lo cual se convierte en verdad universal.
916	Claro, ese es otro factor. Si todo el
917	mundo viene a usar Wikipedia, por un
918	pequeño error que cometa de un número,
919	al aparecer en Wikipedia esa cifra se
920	convierte en correcta.
921	S3: A no ser que lo cambie alguien
922	rápido ¿no? <risas>
923	S4: O no, no lo sabemos. Yo no sé si la

(903-912)
S3 destaca la gran cantidad de información que ofrece Wikipedia e indica que es «el Google de las enciclopedias». También valora positivamente su nivel de actualización, el gran volumen de información que contiene y su carácter multilingüe.

Wik

(913-925)
S4 aporta otro argumento relevante y es el hecho de que Wikipedia, al ser de acceso universal, la utiliza todo el mundo y, en consecuencia, tiene carácter sancionador: lo que aparece en Wikipedia, por el hecho de aparecer ahí, se considera una verdad universal.

Wik

924 población de tal estado es 8.800, yo me

925 lo creo.

926 S3: Claro, sí sí.

927 S5: Sí.

928 E: ¿Con qué frecuencia dirías tú, S3, que

929 usas Wikipedia, la usas a diario?

930 S3: A diario, sí sí sí.

931 S4: Sí, a diario, y además hemos donado

932 y todo ¿eh?

933 S5: Sí, también, a diario.

Wik

(928-932)
La entrevistadora pregunta con qué frecuencia utilizan Wikipedia y S3 afirma que la usa a diario. Además, señala que han realizado donaciones a Wikipedia.

Wik

(933)
S5 también indica que utiliza Wikipedia diariamente.

934 E: ¿Tenéis una idea clara de cómo se

935 crean esos artículos? ¿Sabéis cuál es el

936 sistema de creación de contenido de los

937 artículos de Wikipedia?

938 S4: No, yo no lo tengo claro.

939 E: ¿Pero tenéis alguna intuición?

940 S3: Sí. Bueno, ¿intuición? Yo creo que tú

941 puedes (…) que directamente puedes

942 iniciar un artículo, ¿no?, que no exista,

943 ¿no? Si existe, tienes la oportunidad de

944 editarlo me parece, ¿no? Creo que sé más

945 de cómo se traduce, pero bueno. Y luego,

946 si creas un artículo, si lo inicias desde

947 cero, pues tienes un editor. Tú creas el

948 artículo, añades tus fuentes, y yo creo

949 que es así.

950 E: ¿Alguna vez has traducido un artículo

951 de Wikipedia?

952 S3: He probado. He probado a traducirlo,

953 pero no lo he publicado. O sea, como

954 práctica.

955 E: Muy bien. S4, en tu caso, ¿tienes

956 alguna idea o intuición de cómo

957 funciona?

Wik

(938-954)
Cuando se les pregunta a las entrevistadas acerca de si conocen cómo se crea contenido en Wikipedia, S4 responde que no lo tienen claro y S3 indica, someramente, que se puede iniciar un artículo, editarlo o traducirlo, siendo esto último un ejercicio que ella ha realizado a modo de práctica, aunque sin llegar a publicar la traducción.

958　S4: No lo sé. Yo creo que alguna vez he

959　traducido algo, una frase o unos versos

960　de algún poeta o algo que había en

961　Wikipedia, allí mismo, en el artículo.

962　Hace un montón de años, porque como

963　para mí Wikipedia fue el primer ejemplo

964　del *crowdsourcing*, que ahora está tan de

965　moda. Y lleva ya un montón de tiempo.

966　Y yo creo que sí, que algo he editado yo

967　en alguna versión española de algún

968　poeta estadounidense. Pero no te sabría

969　decir exactamente ni qué artículo fue, ni

970　si sigue estando allí lo que yo puse. Te

971　hablo de hace 10 años.

972　S5: Yo no he colaborado con Wikipedia,

973　pero sí que yo tenía la idea de que eran

974　los usuarios los que podían acceder a

975　Wikipedia y crear una entrada y tal. Eso

976　sí, tenía yo también ese conocimiento.

977　E: ¿Sabéis si existe algún tipo de

978　clasificación, índice de calidad para

979　marcar la fiabilidad, la calidad de

980　algunos artículos en Wikipedia?

981　S4: Yo creo que sí, porque hay algunos

982　que te pone: «No le aseguramos el

983　contenido». Y otros no.

984　S3: Las fuentes (…), tiene que ver con

985　las fuentes ¿no? Me parece que sí. Tiene

986　algo que ver con si muchas fuentes de

987　referencia, pero, no sé. Creo que sí, que

988　algo tiene que ver eso también.

989　S5: No lo sé.

990　S3: Y si han contribuido varios usuarios.

991　No sé si tiene algo que ver la

992　contribución de otros usuarios en el

(958-971)

Wik

S4 desconoce los detalles de la creación de contenido en Wikipedia, aunque explica que hace años tradujo o editó un fragmento de un artículo. S4 también explica que conoce Wikipedia desde hace muchos años y que fue el primer ejemplo del crowdsourcing.

(972-976)

Wik

S5, por su parte, narra que no ha colaborado con Wikipedia, pero sí es consciente de que son los usuarios quienes crean su contenido.

(981-983)

Wik

Preguntada acerca de si conocen la existencia de algún índice o marca de calidad de los artículos de Wikipedia, S4 explica que sí ha visto advertencias de la propia Wikipedia indicando que un artículo no es del todo fiable.

(984-988)

Wik

S3 repite una opinión anterior en la que relacionaba la calidad y falibilidad de los artículos de Wikipedia con la cantidad de referencias que aparecen al final de los mismos. También piensa que la fiabilidad depende del número de usuarios que hayan contribuido.

993   artículo.

994   S4: Pero sí que hay un grupo de gente

995   que revisa, ¿no? Tengo entendido que sí.

996   S3: Yo creo que no.

997   S4: Aunque sean voluntarios igualmente.

998   S3: No sé si es como Facebook, que sí

999   revisan los usuarios. Yo creo que es algo

1000   aleatorio (…). Si tú entras en este artículo

1001   y piensas «Creo que esto no es así» ,

1002   entonces lo cambias, pero no sé si hay un

1003   sistema de revisión.

1004   S4: No sé, hay artículos que pone: «Le

1005   advertimos que este artículo puede

1006   contener (…). Pero no lo pone en todos.

1007   S3: No, no lo pone en todos.

1008   E: ¿Y algún indicio de calidad positivo,

1009   alguna marca de calidad positiva,

1010   conocéis alguna marca de calidad

1011   positiva?

1012   S3, S4, S5: <niegan>

1013   S3: ¿Que Wikipedia marque de alguna

1014   manera para decirnos que este artículo es

1015   (…)?

1016   E: Sí.

1017   S3, S4, S5: <niegan>

1018   S3: No sé si alguna vez he visto en algún

1019   artículo algo referente al número de

1020   usuarios que han contribuido, ¿o algo

1021   así? Pero esto son campanas que suenan

1022   en algún lugar, pero no sé dónde.

1023   S4: Ni idea.

1024   S5: No recuerdo ninguna marca.

Wik

(994-1007)
S3 y S4 intercambian opiniones sobre cómo creen ellas que se revisan los artículos de Wikipedia. S4 tiene entendido que hay un grupo de personas (voluntarias o no) encargadas de revisar los artículos, pero S3 cree que no, que la revisión es aleatoria. Curiosamente S3 compara la revisión de Wikipedia con otro proyecto de crowdsourcing, Facebook. S4 hace referencia a los avisos en alguna ocasión ha visto advirtiendo sobre la calidad de algunos artículos en Wikipedia.

Wik

(1008-1024)
Cuando se les pregunta si conocen alguna marca indicativa de buena calidad de los artículos de Wikipedia (nos referimos a los artículos distinguidos con la estrella dorada), ninguna de las tres entrevistadas parece tener constancia de dicha marca de calidad.

1025 E: Bueno, en cuanto la utilidad, del 1 al

1026 5, S3, ¿qué utilidad crees que tiene

1027 Wikipedia para tu trabajo como

1028 traductora siendo 5 lo máximo?

1029 S3: Yo creo que como 2´5-3.

1030 S4: Para mí, mogollón, 3.

1031 S5: Sí, 3 también.

1032 E: ¿Qué elementos os parecen menos

1033 positivos de Wikipedia, más negativos?

1034 S3: La falta de (…), la incertidumbre de

1035 si es fiable o no.

1036 S3, S4, S5: <asienten>

1037 S5: Exactamente, porque por lo demás…

1038 S3: La autoría.

1039 S4: Los artículos son muy largos y para

1040 nuestra investigación terminológica

1041 tenemos más o menos estipulado que no

1042 podemos perder más de 2 minutos en un

1043 término. Entonces tampoco te puedes

1044 extender muy allá en la lectura del

1045 artículo completo. Pero a lo mejor hasta

1046 que no lees el artículo completo, no eres

1047 capaz de realmente decidir si ese es el

1048 término que tú quieres o no. A veces

1049 parece que pierdes tiempo leyendo el

1050 artículo. Aprendes, pero no exactamente

1051 sobre el tema, no te lleva al tema, muchas

1052 veces te pierdes en otras cosas, y haces

1053 clic y te vas a otro artículo y terminas en

1054 (…)

1055 Todos: <risas>

1056 S4: Y muchas veces te desvías de tu

1057 propósito.

1058 S5: Es verdad.

1059 S3: La curiosidad de traductor.

(1025-1031)

Wik

Seguidamente se les pide que valoren la utilidad de Wikipedia en su trabajo como traductoras del 1 al 5, siendo 5 lo máximo. S3 le concede un 2'5-3, mientras que S4 y S5 le conceden un 3. S3 comenta que Wikipedia le resulta muy útil.

(1032-1038)

Wik

La entrevistadora les pide entonces que señalen qué aspectos les parecen negativos o positivos de Wikipedia, a lo que S3 responde que la falta de certidumbre sobre la fiabilidad de los artículos le resulta negativo. Las demás, parecen estar de acuerdo. S3 indica que es el modelo de autoría donde radica el problema.

(1039-1057)

Wik

S4 añade otro aspecto negativo: que los artículos de Wikipedia resultan muy largos para la investigación terminológica típica del traductor, que solo puede dedicar unos 2 minutos a cada término. S4 comenta que la curiosidad innata del traductor hace que muchas veces se desvíe al consultar Wikipedia: «muchas veces te pierdes en otras cosas, y haces clic y te vas a otro artículo y terminas en (…)».

1060   S5: Sí.

1061   S4: Del usuario de Internet en general, yo

1062   creo.

1063   E: ¿Algún otro uso que recordéis aparte

1064   del mencionado respecto al uso que

1065   hacéis vosotras de esta enciclopedia?

1066   S5: A veces lo hemos utilizado cuando

1067   un cliente dice: «Ese término, no».

1068   S4: Es lo que digo, tiene rigurosidad,

1069   valor académico.

1070   S5: Exactamente.

1071   S4: «Está en Wikipedia»

1072   S5: Y ya «¡Ah!, muy bien, muy bien» y se

1073   quedan tranquilos, pero es verdad.

1074   S4: Porque hay un desconocimiento

1075   global. Si tú citas fuentes locales en

1076   España, pues el cliente extranjero no lo

1077   conoce. No conoce tus fuentes. Yo digo

1078   que «Sousa dice tal» y en cambio, digo

1079   «Wikipedia (…)» y el cliente te dice «Si

1080   lo dice Wikipedia, vale». Le dan como

1081   más crédito, incluso que a fuentes mucho

1082   más prestigiosas, pero a nivel más local.

1083   S3: No sé si esto te sirve, pero a mí a

1084   veces me sirve cambiar entre español e

1085   inglés, porque a veces el inglés tiene más

1086   información, más completa. Parece que

1087   muchas veces el español es una

1088   traducción.

1089   S4: Muchas veces.

1090   S5: Sí, es verdad.

1091   S3: Es una traducción de algún usuario

1092   que dice: «Esta entrada está en inglés y

1093   no está en español, voy a hacer un

1094   resumen». Suelo comparar uno y otro.

(1066-1082)

| Wik |

Cuando la entrevistadora les pregunta por algún otro propósito para el que utilicen Wikipedia, S4 repite que a veces lo utiliza para negociar sus decisiones de traducción (sobre todo, terminológicas) con los clientes. Mientras que los clientes desconocen las fuentes fiables al uso que prefieren los traductores, Wikipedia se perfila como una herramienta global. A los clientes les aporta seguridad el hecho de que el traductor indique que una solución u otra aparece en Wikipedia.

(1083-1104)

| Wik |

S3 vuelve a hacer referencia al procedimiento de cambiar de una versión de Wikipedia a otra en otro idioma. En este sentido, S3 a veces percibe que la versión en español es una traducción resumida del inglés. S4 y S5 están de acuerdo con esa apreciación. S5 añade que seguramente los usuarios deciden traducir a su idioma la parte esencial del artículo original en inglés.

1095   S5: Sí, en la versión española es verdad

1096   que falta a veces —no siempre, pero en

1097   muchos casos—, es verdad, intentando

1098   buscar un término que aparece la entrada

1099   en inglés, y después la versión en español

1100   no aparece. Esto es porque parece que la

1101   traducción la resumen o simplemente

1102   redactan lo más esencial del término o de

1103   lo que sea.

1104   E: ¿Os parece que son siempre

1105   traducciones, que el inglés sería el

1106   original y lo demás son traducciones?

1107   ¿Tenéis esa impresión?

1108   S4: No siempre.

1109   S3, S4, S5: <niegan>

1110   S3: Depende del voluntario, del usuario.

1111   S4: Pero sí, yo creo que la mayoría de las

1112   veces, yo creo que los artículos más

1113   completos (…). No, si estás hablando

1114   sobre la Sierra de Guadarrama, pero

1115   normalmente, si son artículos científicos

1116   o históricos, suelen estar más completos

1117   en inglés, parece que es el idioma origen.

1118   E: ¿Creéis que sería útil como traductoras

1119   que tuvierais formación adicional para

1120   usar Wikipedia? ¿Creéis que os ayudaría

1121   saber cómo funciona, tener algún indicio

1122   sobre la calidad de los artículos, algún

1123   tipo de formación específica?

1124   S5: Sí, vendría bien, la verdad es que sí.

1125   S3: Es que ahora que lo comentas, pues

1126   no me había planteado, porque siempre

1127   suelo evaluar si me parece poco fiable,

1128   pero tal vez sería interesante evaluar

1129   cuándo sí es fiable, en lugar de siempre

(1108-1117)
La entrevistadora se interesa por conocer si ellas piensan que los artículos son siempre traducciones. Ellas consideran que no. S4 matiza que ella cree que la mayoría de los artículos más completos, sobre todo los de ámbito científico o histórico, fueron redactados originalmente en inglés. Esto podría indicar que los traductores perciben diferencias en cuanto a la calidad y fiabilidad de Wikipedia dependiendo del idioma.

Wik

(1118-1132)
Para terminar, la entrevistadora les pregunta si ellas creen que sería de ayuda para el traductor recibir formación específica en Wikipedia (funcionamiento, indicios de calidad, etc.), a lo que las entrevistadas responden que sí.

Wik

1130   ver si no es fiable. Tal vez sería

1131   interesante.

1132   S4: Sí, sí, yo todo lo que sea aprender.

1133   E: Muy bien. Creo que hemos terminado.

1134   Muchísimas gracias por vuestro tiempo,

1135   me habéis ayudado muchísimo y

1136   seguiremos en contacto.

Capítulo 5
Un debate sobre Wikipedia, de la literatura a la palabra

Esta obra se presenta como una aproximación inter y transdisciplinar al análisis del tándem traducción y tecnología cuyo principal foco de interés lo constituye el uso y la percepción de Wikipedia en el entorno profesional de la traducción. Del recorrido de los capítulos que la componen, podemos extraer los siguientes resultados:

1. Objetivo del Capítulo II: analizar las bases epistemológicas de Wikipedia.

Este capítulo contiene una revisión del estado de la cuestión de Wikipedia a partir de la lectura de investigaciones académicas y publicaciones de medios de comunicación de divulgación general. Wikipedia se describe como una enciclopedia colaborativa en línea, hipermodal, abierta, ubicua y afín con la filosofía del software libre, que incorpora un modelo de *crowd-review* (en contraposición a la revisión por pares o *peer-review*). Incidiendo en la configuración de Wikipedia como sistema cultural, se realiza un análisis crítico de la enciclopedia colaborativa bajo el prisma del imaginario social propuesto por Vázquez Medel (1997 y 2008/2009) y la Teoría de los Polisistemas de Even-Zohar (1990), donde encontramos claves para la consideración de Wikipedia como sistema cultural, como repositorio de conocimiento y relaciones humanas.

2. Objetivo del Capítulo III: analizar Wikipedia a partir de las narrativas de los profesionales de la traducción

En este capítulo se incluye un estudio empírico cuyo marco conceptual emana de la Teoría de la Transhumanización de la traducción (Alonso y Calvo 2015). En primer lugar, se describe la metodología de trabajo seguida para abordar las sesiones con dos grupos de discusión en las que intervinieron un total de cinco profesionales de la traducción. El objetivo general en ese capítulo consistía en conocer el entorno profesional de la traducción, mientras que el específico perseguía examinar el uso y la percepción de Wikipedia. Entre los resultados de este trabajo destacan los siguientes:

a. Los sujetos entrevistados emplean gran variedad de herramientas durante el proceso de traducción, tanto genéricas como especializadas.

b. A pesar de que los sujetos parecen cómodamente instalados en el paradigma tecnológico, también aluden a numerosas interacciones con agentes humanos, fundamentalmente con clientes, gestores de proyectos, colegas y expertos.

c. Las principales dificultades que experimentan los sujetos son terminológicas, documentales, de comprensión del texto original, de visualización de lo referido en el texto original, de traducción propiamente dicha, de comprobación de uso de términos o frases en contexto, de ortotipografía, de revisión y de negociación de las decisiones de traducción con clientes o expertos.

d. La naturaleza de estas interacciones con agentes humanos y tecnológicos parece ser, en líneas generales, positiva. Así, por ejemplo, los sujetos aluden a determinadas herramientas (Internet, Wikipedia, corpus, foros, etc.) y a algunos agentes humanos (colegas y expertos) como aliados a la hora de afrontar dificultades de traducción.

e. Los resultados parecen apuntar hacia la centralidad de la tecnología en los procesos de traducción, así como al carácter social, cognitivo y colaborativo de la traducción.

Este capítulo, de carácter hermenéutico e interpretativo, se orienta a la discusión y el debate sobre los datos y los resultados expuestos en los capítulos anteriores. A continuación, se incide en los hallazgos principales, se realizan comparaciones con trabajos afines, y se comentan las implicaciones y repercusiones acerca de las teorías desarrolladas y los resultados obtenidos.

I. Consideraciones en torno a la traducción y la tecnología

La tecnología, a través de invenciones como la pluma, la imprenta o la informática, ha cambiado sustancialmente los paradigmas de lectoescritura humanos, sus formas de comunicación y, por ende, la traducción. Ciertamente, gracias al mayor grado de automatización existente en la traducción, es posible traducir un gran volumen de palabras en poco tiempo o de manera instantánea y, la mayoría de las veces, el uso de las tecnologías redunda en una mayor calidad de la traducción. Pero, a pesar de la creciente presencia de la tecnología, el traductor humano sigue siendo uno de los principales actores en los procesos de traducción en el ámbito profesional.

En capítulos anteriores apuntábamos que la alineación de los fundamentos de la Transhumanización de la traducción con las dinámicas descritas en la Teoría del Emplazamiento, configuraba un marco para la observación de los despliegues y repliegues del traductor humano en los procesos de traducción. En el Capítulo III, donde se analizan las narrativas de los profesionales de la traducción, se constata cómo, en ocasiones, el humano hace uso de plexos tecnológicos, desplegándose en extensiones más allá de su corporeidad que desencadenan usos innovadores e instrumentales de la tecnología (Alonso y Calvo 2015). Otras veces debe replegarse ante la complejidad de los fenómenos tecnológicos o las imposiciones del encargo o *skopos* (Alonso 2014). La constatación de la existencia de estas dinámicas plantea numerosos interrogantes que exceden a los objetivos de esta esta obra: ¿Cómo pueden afectar los despliegues y repliegues del traductor respecto a los plexos tecnológicos, a su propia biología y su cognición? ¿Es posible la innovación tecnológica en la traducción sin llegar a la desmesura? ¿El uso de Wikipedia por parte de los traductores constituye un ejercicio de despliegue o de repliegue?

II. Consideraciones en torno a Wikipedia

Wikipedia es un proyecto complejo de resultados dispares. La Wikipedia en cada idioma se configura como sistema o repositorio de conocimiento que surge del trabajo de una comunidad de usuarios que cabe suponer que redactan contenido, lo traducen o lo adaptan a partir de otras fuentes o de versiones en Wikipedia en otros idiomas. Cada una de las versiones compone un polisistema hipermodal, multilingüe, abierto y dinámico. Los movimientos o tensiones entre los miembros de la comunidad se articulan a través del debate y del consenso, por lo que actúan a la vez de sistema comunicativo y organizativo del polisistema. Todas estas consideraciones confirman a Wikipedia como un ejemplo paradigmático de inteligencia colectiva (Lévy 1997), una extensión tecnológica, resultado de una cultura participativa (Jenkins *et al.* 2009).

Desde la década de los noventa del siglo XX (mucho antes, si consideramos el antecedente de McLuhan y otros) existen propuestas, como la de Lévy (1997), que consideran que la computerización de la sociedad puede promover la construcción de comunidades inteligentes en las que el potencial cognitivo y social de cada individuo, en interacción con el de otros, puede mejorar y desarrollarse mutuamente. La inteligencia colectiva de Lévy es una inteligencia universalmente distribuida, ya que nadie lo sabe todo, todo el mundo sabe algo, todo el conocimiento reside en la humanidad. Jenkins *et al.* (2009: 72), en su propuesta de cultura participativa, tienen muy presente el trabajo de Lévy y observan que este considera la inteligencia colectiva como una forma alternativa de poder que puede permitir a las comunidades responder a los poderes establecidos. Según Jenkins *et al.*, la cultura participativa es:

> [...] a culture with relatively low barriers to artistic expression and civic engagement, strong support for creating and sharing creations, and some type of informal mentorship whereby experienced participants pass along knowledge to novices. In a participatory culture, members also believe their contributions matter and feel some degree of social connection with one another (at the least, members care about others' opinions of what they have created). (Jenkins *et al.* 2009: xi)

Además, Jenkins *et al.* (2009: 79-81) identifican la tecnología wiki como una de las principales en las comunidades de inteligencia colectiva. Al hilo de este argumento, disertan sobre Wikipedia y la necesidad de que la escuela forme a personas capaces de evaluar la fiabilidad y la de las fuentes de información.

> We all must learn how to read one source of information against another, to understand the contexts within which information is produced and circulated, to identify the mechanisms that ensure the accuracy of information, and to realize under which circumstances those mechanisms work best. (Jenkins *et al.* 2009: 81)

Es interesante constatar que un instrumento intrínsecamente humano e imperfecto haya atraído la atención de gran número de investigaciones que persiguen explotar mediante procesos de automatización la potencialidad de Wikipedia con distintos fines, como crear diccionarios y glosarios, identificar patrones de comportamiento u obtener claves para el advenimiento de la web semántica. De nuevo, constatamos que se produce una retroalimentación, una especie de bucle entre la innovación y los usos de la innovación que genera la información (Castells 1996/2010).

Por otro lado, Wikipedia no deja de ser una herramienta solidaria, muy distinta de otras que se desarrollan en el contexto empresarial. La forma en que está concebida y en la que crece —fundamentalmente desde el marco ético de la cultura hacker y el software libre— está muy alejada de los modos de producción industrial y de los valores propugnados por la hegemonía neoliberal, como la especialización y la competitividad.

Una aproximación a Wikipedia desde la perspectiva sistémico-cultural que planteamos en esta obra, probablemente, descubre nuevas vías de innovación, no solo pragmáticas, sino también nuevos aspectos de la condición humana y las dinámicas sociales y de desarrollo.

III. EL TRADUCTOR EN LA SOCIEDAD INFORMACIONAL

Los encuestados mencionados en los capítulos empíricos de esta obra (capítulos III y IV) perciben con claridad que su forma de trabajar ha cambiado debido a Internet y las nuevas tecnologías (acusan más el cambio los de mayor edad). Según los datos de los grupos de discusión analizados, las tareas de documentación y de búsqueda de terminología se han visto modificadas radicalmente desde la aparición de Internet. No obstante, no son las únicas, y otras facetas del encargo, como la gestión de proyectos, la comunicación con clientes y con miembros del equipo de traducción, así como la traducción y la revisión asistidas o automáticas también han supuesto cambios sustanciales. Esta percepción de los sujetos confirma la propuesta de Cronin (2010) sobre las nuevas formas de traducir, que tienen su origen sobre todo en Internet, la cultura digital, la informática ubicua y las tecnologías que derivan de estas. En opinión del autor, son estas nuevas formas de traducir (el medio) las que han dado lugar al giro tecnológico en los Estudios de Traducción.

El profesional de la traducción incorpora una gran variedad de herramientas a la hora de traducir, a las que considera aliadas. No obstante, en muchos casos, el uso de determinadas herramientas no lo decide el traductor, sino que se imponen desde el *skopos* (el cliente), dentro de un contexto donde hay evidencias que apuntan a una creciente complejidad tecnológica de los encargos o *superskopos* (Alonso y Calvo 2015). Los sujetos de nuestros grupos de discusión señalaban que, en ocasiones, el uso de herramientas, como los portales de contratación y gestión de traducciones, o el exceso de prescripciones técnicas de un encargo, más que facilitar el trabajo al traductor, lo dificulta o lo ralentiza. Son extremos en los que la tecnología resulta sumamente compleja y opaca. Cabría preguntarse si dicho nivel de complejidad tecnológica se debe a la dificultad intrínseca de determinados proyectos, a procedimientos de gestión o calidad internos de las partes implicadas (clientes, empresas de traducción, *vendors*, *freelancers*) o si obedecen a dinámicas cuyo objetivo último podría ser mermar el control del traductor sobre su propia producción y, en consecuencia, su agencia.

Los traductores se retratan como *humanos orquesta*; poseen un repertorio bien surtido de herramientas que utilizan con gran frecuencia a la hora de traducir. Bien podría parecer que el hecho de que incorporen tantas herramientas y que puedan pasar con facilidad de una a otra, aparentemente de manera intuitiva, dominando su manejo y conociendo sus limitaciones, asemejaría dichas herramientas a sus propias extensiones naturales. Esta es precisamente una de las premisas de la Trans-humanización de la traducción (Alonso y Calvo 2014 y 2015), la del traductor como organizador y creador de traducciones gracias a capacidades humanas y extensiones sociales y tecnológicas, que parece ir en sintonía con las narrativas de profesionales que hemos presentado.

Al igual que se expone en Katan (2009: 118), según los datos que hemos presentado aquí y en Alonso (2015a), el profesional de la traducción en la sociedad informacional ejercería, bajo la etiqueta comúnmente conocida como «traductor», roles variados (revisor, profesor, intérprete, gestor, etc.). Sería interesante comprobar en qué medida este hecho se debe a demandas del mercado o de sus clientes, que lo reconocen como experto en lenguas, o bien a inquietudes personales de los propios traductores, a cuestiones relacionadas con la precariedad laboral, a la versatilidad de los traductores (Calvo 2010: 314) o a una combinación de estas y otras circunstancias.

También de manera paralela a lo que sucedía en la encuesta de Katan (2009: 117) y otras similares (Pym 2011: 9), la mayoría de los sujetos de nuestro estudio ejercían como profesionales *freelance*. En opinión de Katan, esto confirma la naturaleza fragmentada de la profesión. En la misma línea se pronuncian los autores del informe de Common Sense Advisory, centrado en las industrias de la lengua: «language services market has long been characterized by an extremely high degree of fragmentation» (Kelly y Stewart 57 :2011). En su apunte de tendencias, consideran que el elevado número de pequeñas empresas y de profesionales *freelance*, además de evidenciar la fragmentación de la industria, también inhibe la colaboración y la innovación dentro del sector (2011: 59). Como señalábamos en el párrafo anterior, detrás de esta peculiaridad laboral del sector de la traducción podría haber distintos motivos que merecería la pena explorar (condiciones del mercado, precariedad laboral, preferencias personales, cuestiones de género, etc.).

Por último, debemos apuntar que, quizá, más que de traductores, deberíamos haber hecho referencia en nuestro trabajo a las traductoras que predominan en la profesión. Este no es un dato novedoso, ya que las mujeres son mayoría en el ámbito profesional de la traducción y en la formación universitaria de traductores (Katan 2009: 142-143; y Calvo 2010: 383, 430). Quizá sea precisamente esta característica la que podría ofrecer las claves para explicar las dos circunstancias a las que aludíamos en los párrafos anteriores y que caracterizan la profesión: *freelance* que realizan tareas variadas. Convendría explorar si estas variables (mujer, *freelance*, multitarea y precariedad laboral) están correlacionadas de algún modo, tal como sugiere Katan (2009: 134): «Clearly, the cottage industry nature of mainly female translators has led to easy exploitation and LAP [Lower Autonomy Professional] status and conditions».

IV. NECESIDADES Y HERRAMIENTAS DEL TRADUCTOR

Los resultados de este estudio abundan en la creciente presencia de la tecnología en el ámbito de la traducción, un hecho que a día de hoy pocos cuestionan. El traductor encuentra distintas dificultades a la hora de traducir, tiene necesidades variadas y, en consecuencia, su caja de herramientas también es heterogénea.

A pesar de que, como señala Hurtado (2001: 286-287) basándose en Nord, la dificultad de traducción es un concepto de carácter subjetivo y el problema de traducción es de carácter objetivo, ambos conceptos están íntimamente relacionados, ya que «las fronteras entre ambos son todavía algo difusas y requieren una investigación empírica profunda [...]». Hurtado (2001: 287-288) propone una clasificación para agrupar los variados problemas de traducción que existen:

1. Problemas lingüísticos. Son problemas de carácter normativo, que recogen sobre todo discrepancias entre las dos lenguas en sus diferentes planos: léxico, morfosintáctico, estilístico y textual (cohesión, coherencia, progresión temática, tipologías textuales e intertextualidad).

2. Extralingüísticos. Son problemas que remiten a cuestiones de tipo temático, cultural o enciclopédico.

3. Instrumentales. Son problemas que derivan de la dificultad en la documentación (por requerir muchas búsquedas o búsquedas no usuales) o en el uso de herramientas informáticas.

4. Pragmáticos. Son problemas relacionados con los actos de habla presentes en el texto original, la intencionalidad del autor, las presuposiciones y las implicaturas, así como los derivados del encargo de traducción, de las características del destinatario y del contexto en el que se efectúa la traducción.

En otro estudio basado en encuestas (Alonso 2015a), nos hemos interesado por la percepción y la subjetividad del traductor y, por consiguiente, hemos preguntado a los sujetos por las necesidades que encuentran a la hora de traducir. Los resultados obtenidos confirman la existencia de necesidades bien conocidas del traductor, como la de documentarse, conocer el significado de un término, encontrar equivalentes, solventar dificultades terminológicas y dudas ortotipográficas, etc. Estas suelen solucionarse mediante recursos como diccionarios, bases de datos terminológicas, buscadores, enciclopedias, etc.

No obstante, de manera novedosa, en esta obra queda patente la importancia de los recursos genéricos (Internet, Google, Wikipedia) en el proceso de traducción. Se constata que el profesional de la traducción realiza un uso instrumental (no artefactual) de ellos, siendo esta una característica de la Transhumanización de la traducción (Alonso y Calvo 2014 y 2015). Es decir, que los sujetos no utilizan Wikipedia simplemente como una enciclopedia, ni Google simplemente como un buscador. Al contrario, al interaccionar los sujetos con Google, despliegan toda una serie de usos instrumentales: Google como recurso documental, lexicográfico y terminológico, como corpus paralelo, para confirmar traducciones, para negociar decisiones de traducción con terceros, para comprobar el uso de un término o frase en contexto, para identificar fuentes fiables a través de búsquedas acotadas, etc.

También se descubren nuevas necesidades, como la de visualizar la imagen asociada con un término o idea para comprender algún punto del texto que se va a traducir. En la misma línea, otro de los valores de esta obra es que pone de manifiesto las necesidades sociales del traductor y, por ende, la importancia de recursos como expertos o traductores (con los que negocia sus decisiones de traducción), foros y blogs (a los que recurren para conocer las opiniones de otros traductores respecto a estrategias de traducción, uso de herramientas, etc.).

En cualquier caso, parece que los sujetos entrevistados acuden indefectiblemente a Google para solucionar sus dificultades o como un primer punto de partida. Asimismo, la necesidad de consultar el uso de términos en contexto (*Web as a corpus*) enfatiza la presencia de Internet y de los buscadores en el escritorio del traductor. A pesar de que parece que los sujetos incorporan numerosos mecanismos de cotejo para las soluciones que encuentran en recursos no especializados y poco controlados como Google y Wikipedia, esto podría tener como consecuencia cierto empobrecimiento lingüístico de los flujos de traducción o la perpetuación de errores de traducción que podrían fosilizarse o incorporarse a los estándares comúnmente aceptados de la lengua.

La interacción de los traductores con otros agentes, como clientes y gestores de proyectos, no siempre está exenta de conflicto y, dada la necesidad de negociar sus decisiones con dichos agentes, quizá desde la formación de traductores podría darse mayor énfasis a las competencias sociales y al desarrollo de *soft skills* (competencias genéricas personales, como, por ejemplo, la capacidad de comunicarse y trabajar en equipo, la capacidad de solucionar problemas, el liderazgo, etc.).

¿Qué sucede con las herramientas especializadas como las memorias de traducción y la traducción automática? Las memorias de traducción están presentes con relativa frecuencia en los procesos de traducción, este no es un hecho novedoso (Lagoudaki 2006; y LeBlanc 2013, entre otros). Probablemente, los sujetos que las conocen y las usan aprecian sus beneficios contrastados (según Somers 2003; Oliver, Moré y Climent 2007; y otros: ahorro de costes y de tiempo, mayor coherencia, etc.). Se observa cierta fidelización a las memorias: aquellos que las usan lo hacen con mucha frecuencia. No obstante, a pesar de que el software comercial de memorias de traducción se distribuye desde hace más de 40 años, todavía tiene mucho por recorrer.

> Translation memory (TM) is still not broadly adopted. What is amazing to us is that we frequently run into LSPs that do not use translation memory whatsoever, yet they still process millions upon millions of words per year. Our surveys of translators show the same thing – that Microsoft Word is one of the most popular «tools» that translators use. (Kelly y Stewart 2011: 58-59)

Cabe señalar que encontramos entre las narrativas de los sujetos entrevistados pocas alusiones a la traducción automática. Es más, en una encuesta realizada después de los *focus groups* a más de 400 sujetos (Alonso 2015a) esta tecnología ocupaba la penúltima posición en el escalafón de herramientas más utilizadas. Algunas claves para interpretar este dato se pueden encontrar en la encuesta realizada por Guerberof Arenas (2013), quien observó que los traductores profesionales tienen una actitud negativa hacia las tarifas y la gestión de la postedición, uno de los principales servicios que utilizan traducción automática:

> From this group of professional translators we can see that those doing post-editing are well-informed about the process and the current shortcomings. We do not find a negative attitude towards working with MT (although the majority of translators might dislike it) but rather problems with how the task is paid or organised. (Guerberof Arenas 2013: 93)

En otras palabras, a pesar del aumento de productividad que se puede lograr gracias a la postedición (Guerberof Arenas 2013: 77), a los *freelancers* no les gusta (81), porque muchas veces requiere mayor esfuerzo que la revisión de traducciones humanas (78) o porque consideran que las tarifas de postedición que se pagan a los traductores son injustas (82). En contraste, las empresas de traducción y sus traductores no se encontrarían en disposición de poder elegir o no si utilizar la postedición en un proyecto de traducción y, en esos contextos, probablemente solo se tienen en consideración parámetros de productividad. Según los datos de 2011 del informe que realiza el Common Sense Advisory, las agencias de traducción o *vendors* que aplicaban postedición ya obtenían amplios márgenes de beneficios; a pesar de que la contribución total de la postedición de traducción automática a los beneficios del mercado de las industrias de la lengua no era significativa, se destacaba que un gran número de empresas del sector estaban obteniendo más del 10% de sus beneficios gracias a este servicio (Kelly y Stewart 2011: 46-47). Es decir, mientras que las empresas y *vendors* ya obtenían entonces suculentos beneficios gracias a la postedición, los *freelancers* no consideraban que sus tarifas por este servicio fueran justas y, en consecuencia, no eran partidarios de esta tecnología o servicio. A pesar de todo lo expuesto, el debate sobre la traducción automática y los servicios de posedición han evolucionado de manera vertiginosa en los últimos años (véase Vieira, Alonso y Bywood 2018) e incorporan ahora no solo argumentos de productividad, sino también consideraciones sobre la autonomía del traductor (Vieira, Ragni y Alonso 2021).

V. Uso y percepción de Wikipedia

En la investigación doctoral de esta autora se documentaba, por primera vez, el uso de Wikipedia por parte de profesionales de la traducción (Alonso 2014a, 2014b y 2015a). En el Capítulo I ya apuntábamos que Olvera y Gutiérrez (2011) y Torres (2012) fueron las primeras en encontrar indicios del uso de Wikipedia como herramienta de ayuda a la traducción. En el proyecto de máster de Wang (2011), con un enfoque completamente cuantitativo, similar al del Stvilia *et al.* (2005), se trataba de diseñar un modelo de evaluación de Wikipedia para traductores basado en tres métricas (Informatividad, Traducibilidad y Densidad). A pesar de la existencia de estos trabajos en el ámbito de la traducción, fue la propuesta de los investigadores Head y Eisenberg (2009 y 2010), del ámbito de la Documentación y las Ciencias de la Información, la que consideramos como inspiradora de nuestra aproximación al estudio de Wikipedia, ya que tenía un objetivo afín: conocer cómo utilizan y perciben Wikipedia los estudiantes universitarios de los Estados Unidos.

Al igual que sucedía con los estudiantes universitarios en Head y Eisenberg (2009 y 2010), los sujetos a los que entrevistamos utilizan Wikipedia de manera generalizada. En el trabajo de estos investigadores se ponía de manifiesto que los estudiantes parecían ser conscientes de las limitaciones de la enciclopedia y la utilizaban para realizar una primera aproximación a su trabajo de clase, pero luego utilizaban otras fuentes. Según nuestros datos, los profesionales de la traducción actuarían de manera similar, pero el cotejo y el contracotejo con otras fuentes sería más sistemático.

Según las narrativas de los sujetos (capítulos III y IV) y los resultados de una encuesta adicional que realizamos (Alonso 2015a), la dimensión cultural de Wikipedia parece ser valiosa para los traductores. No obstante, sería conveniente indagar qué entienden exactamente los sujetos por referencias culturales.

Al hilo de una disertación sobre la traducción como comunicación intercultural, Hurtado (2001: 607) opina que: «El trasvase de los elementos culturales presentes en un texto es uno de los mayores problemas a los que se enfrenta el traductor». Tras realizar una revisión de las aproximaciones a la cuestión cultural realizadas desde la Traductología, Hurtado concluye que los culturemas (denominación que ella prefiere) son:

> [...] los elementos culturales característicos de una cultura presentes en un texto y que, por su especificidad, pueden provocar problemas de traducción. Esos elementos culturales, que pueden aparecer marcados en un texto de un modo más o menos explícito, son, como hemos visto, de diversa índole: relacionados con la ecología, lo material, lo social, lo religioso, lo paralingüístico, etc. (Hurtado 2001: 611)

De modo que a la pregunta «¿qué es una referencia cultural para los traductores?», constatamos que existe cierto consenso en torno a lo que los traductores pueden considerar como referencias culturales. Por consiguiente, ¿considerarían los sujetos de nuestro estudio que identificar el significado de referencias culturales implica únicamente un conocimiento lingüístico? ¿O interpretan esto como una competencia que incorpora además elementos contextuales, culturales y pragmáticos, como creemos? Consideramos que en este punto convergen cuestiones como los análisis de los problemas o la dificultades de traducción, las necesidades del traductor y las competencias del traductor. En futuras investigaciones se podría evaluar con mayor profundidad la dimensión cultural aplicada de Wikipedia, en qué medida y de qué forma el traductor la utiliza para abordar la traducción de culturemas.

En cualquier caso, las referencias a este concepto, que no estaba presente en la investigación de Head y Eisenberg (2009 y 2010) que nos sirvió como modelo, surgieron en dos de los sujetos entrevistados que se dedicaban a la traducción literaria y jurídica, respectivamente. Ambos señalaron que recurrían a Wikipedia para solucionar las dificultades que les planteaban las referencias culturales. Resulta relevante destacar el dato de su perfil especializado en traducción literaria y jurídica, porque quizá son dos de los campos en los que con mayor frecuencia aparecen elementos propios de la cultura o del sistema jurídico, social o administrativo propios de un país, que es necesario trasladar al texto meta. Es decir, que los traductores, en tanto que expertos culturales, mediadores o enlaces, son muy conscientes de las diferencias existentes entre una cultura y otra en su sentido más amplio, y reconocen en

Wikipedia un sistema que les permite conocer el significado de dichas referencias y —dado el carácter polisistémico, multilingüe y multicultural de la enciclopedia— buscar opciones de traducción.

Según los datos que hemos expuesto en esta obra y en la encuesta de Alonso (2015a), se pone de manifiesto, además, que los sujetos hacen uso de Wikipedia sabiendo muy bien cuáles son sus limitaciones y también sus potencialidades. En su interacción con la herramienta, ya han superado la fase de aprendizaje y tanteo propia de los estudiantes. Parecen tener expectativas muy bien definidas sobre lo que la enciclopedia les puede ofrecer y la utilizan como una extensión más de las capacidades que poseen para llevar a cabo el trasvase lingüístico, cultural y funcional que implica todo acto traductor, maximizando su capacidad de procesamiento rápido y crítico de la información.

Sería interesante comprobar si las características del uso de Wikipedia por parte de los profesionales que acabamos de describir (cotejo sistemático, usos instrumentales y expectativas que se confirman con el uso) también se producen en contextos como la traducción por parte de voluntarios no expertos o colaborativa entre no expertos, o entre los estudiantes de traducción. Podría suceder que todos estos colectivos compartan esta aproximación a Wikipedia, pero también podrían existir diferencias propias de los profesionales frente a los no profesionales.

Los sujetos entrevistados parecían ponderar positivamente la utilidad, fiabilidad y facilidad de uso de Wikipedia, a pesar de sus limitaciones, que conocían bien.

Es de destacar que una característica que los sujetos no valoraban de manera positiva se refiere a su dimensión colaborativa y abierta: el hecho de que varias personas puedan participar en su redacción o traducción.

Encontramos varias explicaciones que, de manera individual o conjuntamente, pueden servir para interpretar este dato: 1) Los sujetos consideran que esta característica repercute en la fiabilidad de Wikipedia; 2) Los sujetos la valoran en cierta medida, porque incorpora cierta neutralidad y plurisubjetividad en el contenido de los artículos, pero pesan más los argumentos en contra de la fiabilidad; 3) Los sujetos quizá desconocen qué implica exactamente esta característica o no saben que es una característica de Wikipedia. En cualquier caso, esta es una vía que requiere un estudio en mayor profundidad.

Si a los sujetos les gusta tanto la herramienta y la usan con tanta frecuencia, ¿por qué no colaboran con Wikipedia más activamente? Según la información obtenida, el nivel de implicación de los sujetos (profesionales de la traducción) en Wikipedia es muy bajo. En este punto, el trabajo de McDonough Dolmaya (2012), que se centró en las motivaciones de los voluntarios que participan en proyectos de traducción colaborativa entre los que se encuentra Wikipedia, complementa nuestro trabajo desde un punto de vista diferente. En la composición de las muestras de nuestros respectivos estudios puede estar la clave.

En la muestra de McDonough Dolmaya (2012: 172-175) predominaban los sujetos varones menores de 35 años y que nunca habían trabajado como traductores profesionales (perfil de traductor aprendiz o novel), y solo algunos de ellos (12%) trabajaban en las industrias de la lengua. A grandes rasgos, entre los voluntarios de esta clase de proyectos abundaban los estudiantes de secundaria o universidad (3%) y los profesionales de la informática (15%). Según los datos de su encuesta (2012: 182), los sujetos participan traduciendo en este tipo de iniciativa: 1) Para hacer que la información estuviera disponible para los usuarios de otras lenguas (89.3%); 2) Porque el proyecto les estimulaba intelectualmente (68%); 3) Para apoyar a la organización que lanzaba la iniciativa (56%); 4) Para mejorar el nivel de su lengua materna (36%) y de su lengua extranjera (28%); 5) Para mejorar su reputación como traductores (9.3%) o atraer clientes (4%). Entre los pocos profesionales que participan en este tipo de traducciones colaborativas, una de las principales motivaciones sería el de su propia promoción profesional (2012: 183).

La baja participación de las mujeres en los proyectos de software libre, de similares características a Wikipedia, es un hecho contrastado. Según Feller *et al.* (2005: 31), la participación de mujeres en este tipo de iniciativas es de tan solo el 5-7%.

En lo que respecta a la posible existencia de censura respecto al uso de Wikipedia, nuestros datos sugieren que cuanto más profesional es el contexto, menos están dispuestos los sujetos a reconocer que utilizan Wikipedia. En la encuesta que realizamos (Alonso 2015a) se constató que, ante familiares y amigos, la mayoría (64.1%) reconoce siempre o casi siempre que utiliza Wikipedia, pero cuando el contexto se profesionaliza, este porcentaje desciende: ante traductores y revisores lo reconoce el 47.4%; ante gestores y jefes, el 36.4%; y ante clientes, el 31.3%. En cualquier caso, los porcentajes correspondientes a sujetos que no lo reconocen nunca o casi nunca eran en todos los casos minoritarios. Esto pone de manifiesto que, a pesar de existir ciertas reticencias a la hora de admitir el uso de Wikipedia, esta ya está presente en el contexto profesional.

Debemos tener en consideración además que, según algunos testimonios de los grupos de discusión (Capítulos III y IV), podría ser cada vez más frecuente que los traductores negocien sus decisiones de traducción con terceros (clientes, gestores, revisores, expertos, etc.) aludiendo a Wikipedia como fuente. Los sujetos contaban que Wikipedia era considerada por algunos clientes finales como una herramienta fiable y global. Estos datos no revelan un uso mayoritario de Wikipedia como herramienta de consenso entre los actores del proceso de traducción, pero quizá sí una tendencia incipiente que merecería la pena ser estudiada con detalle para ver cómo evoluciona.

VI. A MODO DE CIERRE

Las narrativas sobre el uso de Wikipedia no dejan lugar a duda: Wikipedia está presente en el proceso de traducción profesional. No sucede así a la inversa, es decir, que los traductores profesionales no participan en gran medida en la creación de Wikipedia. ¿Significa esto que no existe una interacción real entre Wikipedia y estos sujetos? ¿Se confirma en este caso el perfil de prosumidor que consume y produce Wikipedia? Los flujos de uso y creación en el caso de los sujetos estudiados no obedecen al patrón más evidente del prosumidor. No obstante, se constata que los discursos de Wikipedia, su información textual y visual, su contenido cultural y multilingüe, quizá también una nueva forma de organizarse, de negociar, de consensuar, de crear de manera solidaria, se están introduciendo de algún modo en los flujos de traducción que se producen en el contexto profesional. La forma en que Wikipedia está penetrando en este contexto no es a través de la imposición, sino de la aceptación gradual basada en el cumplimiento de las expectativas del profesional de la traducción. No es, por tanto, una herramienta impuesta por el *skopos*, por el cliente o por el mercado, sino una herramienta solidaria en el sentido más amplio de la palabra, una aliada para los traductores. La metáfora del Caballo de Troya permite ilustrar el modo en que Wikipedia parece haberse introducido en el núcleo del proceso de traducción, el que dominan los profesionales, y desde ahí estaría infiltrándose en el resto del sistema. Wikipedia se perfila como una herramienta colaborativa, muy distinta de otras que se desarrollan en el contexto empresarial. En ese sentido, constituye una forma de inteligencia colectiva que prefigura una manera alternativa de poder y permite a la comunidad responder a los poderes establecidos (academia, gobiernos totalitarios, globalización, etc.). Los profesionales de la traducción participan escasamente en la creación y en la traducción de los artículos de Wikipedia, sin embargo, de algún modo, al utilizarlos, los incorporan en su propia producción, de manera que sus discursos (traducidos de manera profesional) entran a formar parte de la corriente principal del contenido traducido a nivel global, irrumpiendo como Caballo de Troya entre los valores de la hegemonía neoliberal, como la especialización y la competitividad.

Referencias

ADAFRE, Sisay y DE RIJKE, Maarten, *Finding similar sentences across multiple languages in Wikipedia,* EACL-2006: 11th Conference of the European Chapter of the Association for Computational Linguistics. Proceedings of the Workshop on NEW TEXT Wikis and Blogs and Other Dynamic Text Sources (congreso), Filadelfia, Association for Computational Linguistics, 2006, pp. 62-69.

ADAR, Eytan *et al.*, «Information arbitrage across multi-lingual Wikipedia», en Ricardo BaeWza-Yates *et al.*, *WSDM '09 Proceedings of the Second ACM International Conference on Web Search and Data Mining,* Nueva York, ACM, 2009, pp. 94-103 (DOI: 10.1145/1498759.1498813).

AGUADO DE CEA, Guadalupe, *Terminology and Dbpedia: Back to basics?, Translation at the Frontiers of the Lexicon: The New Fields of Terminology. 6th Terminology Seminar in Brussels (TSIB 2013)* (congreso), Bruselas, 2013.

AIBAR, Eduard y FUSTER, Mayo, «Academic research into Wikipedia», *Digithum,* 14 (2012).

ALONSO, Elisa, *Análisis del discurso en Wikipedia desde la Teoría de los Polisistemas,* Tendencias actuales en los estudios sobre el discurso (congreso), Sevilla, Universidad de Sevilla, 2012. Archivo de vídeo: http://www.youtube.com/watch?v=Bs5yRjG7owM&feature=youtube [08-11-2023].

—, «Interacciones sociales y tecnológicas en el entorno profesional de la traducción», *Tonos digital: Revista de Estudios Filológicos,* 2-27 (2014), pp. 1-29.

—, *Traducción y tecnología. Análisis del uso y percepción de Wikipedia por parte de los profesionales de la traducción* (tesis doctoral), Sevilla, Universidad de Sevilla, 2014.

—, «Analysing the use and perception of Wikipedia in the professional context of translation», *JoSTrans: The Journal of Specialised Translation,* 23 (2015), pp. 88-116.

—, «Una aproximación a Wikipedia como polisistema cultural», *Convergencia. Revista de Ciencias Sociales,* 68 (2015), pp. 135-149.

—, «Google and Wikipedia in the Professional Translation Process: A Qualitative Work», *Procedia - Social and Behavioral Sciences. 32nd International Conference of the Spanish Association of Applied Linguistics (AESLA): Language Industries and Social Change,* 173 (2015), pp. 312-317.

ALONSO, Elisa y CALVO, Elisa, «Developing a Blueprint for a Technology-mediated Approach to Translation Studies», *Meta: Journal des traducteurs / Meta: Translators' Journal,* 60-1 (2015), pp. 135–157.

AUSTERMÜHL, Frank, *Electronic Tools for Translators,* 1, Manchester, Routledge, 2001.

AYERS, Phoebe *et al. How Wikipedia works: And how you can be a part of it*, San Francisco, No Starch Press, 2008.

BENKLER, Yochai, *The wealth of networks. How social production transforms markets and freedom,* New Haven (Estados Unidos), Yale University Press, 2006.

BERNERS-LEE, Tim, *Semantic Web Road map.* 14 de octubre de 1998. URL: http://www.w3.org/DesignIssues/Semantic.html [25-01-2013]

BERNSTEIN, Jon, «Wikipedia's benevolent dictator», *New Statesman.* 3 de febrero de 2011. URL: http://www.newstatesman.com/digital/2011/01/jimmy-wales-wikipedia-site [25-01-2013].

BIAU-GIL, José Ramón y PYM, Anthony, «Technology and Translation. A Pedagogical Review» en Anthony Pym *et al.* (eds.), *Translation Technology and its Teaching*, Tarragona, Intercultural Studies Group, Universitat Rovirai Virgili, 2006.

BIUK-AGHAI, Robert *et al.* «Visualizing large-scale human collaboration in Wikipedia», *Future Generation Computer System,* 31 (2013), pp. 120-133.

BOLUKBASI, Tolga *et al.*, «Quantifying and reducing stereotypes in word embeddings», *arXiv preprint arXiv:1606.06121,* (2016), pp. 41-45. (DOI: https://doi.org/10.48550/arXiv.1606.06121)

BURKE, Peter, *A Social History of Knowledge, II: From the Encyclopédie to Wikipedia*, Malden (Estados Unidos), Polity Press, 2012.

BUZELIN, Hélène, «Unexpected Allies: How Latour's Network Theory Could Complement Bourdieusian Analysis in Translation Studies», *The Translator,* 11-2 (2005), pp. 193-218.

—, «Translations "in the Making"», en Michaela Wold y Alexandra Fukari (eds.), Constructing a Sociology of Translation, Ámsterdam, John Benjamins Publishing Company, 2007, pp. 135-169.

BYRNE, Jody, *Scientific and Technical Translation Explained,* Manchester; Kinderhook (Estados Unidos), Saint Jerome Publishing, 2012.

CABALLERO, Héctor y ALONSO, Elisa, «Vitaminas para la competencia traductora. Edición multilingüe en Wikipedia sobre COVID-19», en Carmen Romero y Olga Buzón (coord.) Innovación e investigación docente en educación: experiencias prácticas», Madrid, Dykinson, 2021, pp. 1130-1149.

CALVO, Elisa, *Análisis curricular de los Estudios de Traducción e Interpretación en España: perspectiva del estudiantado.* (Tesis doctoral). Universidad de Granada, Granada, 2010. URL: digibug.ugr.es/bitstream/10481/3488/1/1852574x.pdf [25-01-2013].

CASTELLS, Manuel, *La Galaxia Internet: [reflexiones sobre Internet, empresa y sociedad],* Barcelona, Plaza & Janés, 2001.

—, «Internet, libertad y sociedad: Una perspectiva analítica», *Polis, Revista Latinoamericana,* 4 (2003). URL: http://dialnet.unirioja.es/servlet/articulo?codigo=2798272 [18-07-2014].

—, *The Information Age: Economy, Society, and Culture: The Rise of the Network Society,* 2, Chichester (Reino Unido), Wiley-Blackwell, 2010.

CHESNEY, Thomas, «An empirical examination of Wikipedia's credibility», *First Monday,* 11-11 (2006) (DOI: http://dx.doi.org/10.5210/fm.v11i11.1413) [25-01-2014].

CHESTERMAN, Andrew, «Bridge Concepts in Translation Sociology», en Michaela Wold y Alexandra Fukari (eds.), *Constructing a Sociology of Translation,* Ámsterdam, John Benjamins Publishing Company, 2007, pp. 171-186.

COLAVIZZA, Giovanni, «COVID-19 research in Wikipedia», *Quantitative Science Studies,* 1-4 (2020), pp. 1349-1380 (DOI: https://doi.org/10.1162/qss_a_00080).

CRONIN, Michael, «The Translation Crowd», *Tradumàtica,* 8 (2010). URL: http://www.fti.uab.cat/tradumatica/revista/num8/articles/04/04art.htm [03-06-2014].

—, *Translation in the Digital Age,* Nueva York, Routledge, 2013.

DAM, Helle y ZETHSEN, Karen, «The status of professional business translators on the Danish market: A comparative study of company, agency and freelance translators», *Meta: Journal des traducteurs / Meta: Translators'*

Journal, 56-4 (2011), pp. 976-997 (DOI: 10.7202/1011263ar).

DE VRIEZE, Jop, «Government Enlists Wikipedia Founder for Open Access Policy», *Science Insider,* (2012). URL: http://news.sciencemag. org/2012/05/u.k.-government-enlists-wikipe-dia-founder-open-access-policy [25-01-2014].

DÉSILETS, Alain *et al., How Translators Use Tools and Resources to Resolve Translation Problems: An Ethnographic Study,* MT Summit XII - Workshop: Beyond Translation Memories (congreso), Ottawa, 2009. URL: http://www.mt-archive. info/MTS-2009-Desilets-2.pdf [03-06-2014].

DÍAZ, Capitolina *et al.,* «Sesgos de género ocultos en los macrodatos y revelados mediante redes neurales: ¿hombre es a mujer como trabajo es a madre?», *Revista Española de Investigaciones Sociológicas,* 172 (2020), pp. 41-60.

ECHEVERRÍA, Javier, *Telépolis,* Barcelona, Ediciones Destino, 1999.

EVEN-ZOHAR, Itamar, «Polysystem Studies», *Poetics Today,* 11-1 (1990), pp. 1-270.

FARÍAS, Ignacio, «Cultura: la performación de mundos sociomateriales», *Convergencia. Revista de Ciencias Sociales,* 21-64 (2014), pp. 65-91.

FELLER, Joseph *et al.* (eds.), *Perspectives on Free and Open Source Software.* Cambridge (Estados Unidos), The MIT Press, 2005.

FREE SOFTWARE FOUNDATION y SMITH, Brett, *A Quick Guide to GPLv3.,* 2010. URL: http://www.gnu.org/ licenses/quick-guide-gplv3.html [25-01-2014].

GARCÍA, Ignacio, «The Proper Place of Professionals (and Non-Professionals and Machines) in Web Translation», *Tradumàtica,* 8 (2010). URL: http://www.raco.cat/index.php/Tradumatica/ article/view/225898/307309 [01-03-2014].

GILES, Jim, «Internet encyclopaedias go head to head», *Nature,* 428 (2005), pp. 900-901. URL: http://www.u.arizona.edu/~trevors/nature_ 15dec2005_wikipedia.pdf [25-01-2013].

GRAELLS-GARRIDO, Eduardo *et al.,* «First Women, Second Sex: Gender Bias in Wikipedia». *Proceedings of the 26th ACM Conference on Hypertext & Social Media,* (2015) pp. 165-174 (DOI: https://doi.org/10.1145/2700171.2791036)

GORMAN, Gary E., «A tale of information ethics and encyclopaedias; or, is Wikipedia just another Internet scam?», *Online Information Review, Vol.* 31-3 (2007), pp. 273-276 (DOI: 10.1108/14684520710773050).

GOUADEC, Daniel, «Modélisation du processus d'exécution des traductions», *Meta: Journal des traducteurs / Meta: Translators' Journal,* 50-2 (2005), pp. 643-655 (DOI: 10.7202/011008ar).

GOZZI, Nicolò *et al.,* «Collective Response to Media Coverage of the COVID-19 Pandemic on Reddit and Wikipedia: Mixed-Methods Analysis», *J Med Internet Res,* 22-10 (2020) (DOI: https:// doi.org/10.2196/21597).

GREIMAS, Algirdas y COURTÉS, Joseph, *Semiótica. Diccionario razonado de la teoría del lenguaje,* Madrid, Editorial Gredos, 1979.

GUERBEROF, Ana, «What do professional translators think about post-editing?» *JoSTrans: The Journal of Specialised Translation,* 19 (2013), pp. 75-95. URL: http://www.jostrans.org/ issue19/art_guerberof.pdf [10-06-2014].

HALAVAIS, Alexander y LACKAFF, Derek, «An analysis of topical coverage of Wikipedia», *Journal of Computer-Mediated Communication,* 13-2 (2008), pp. 429-440 (DOI: 10.1111/j.1083-6101.2008.00403.x)

HARA, Noriko *et al.,* Cross-Cultural Analysis of the Wikipedia Community, *Journal of the American Society for Information Science and Technology,* 61-10 (2010), pp. 2097–2108. URL: http://eprints.rclis.org/15529/1/WikipediaCommunity.pdf [25-01-2013].

HAZAEL-MASSIEUX, Dominique, «AI & the Web: Understanding and managing the impact of Machine Learning models on the Web», *W3 Consortium,* 2024. URL: https://www.w3.org/ reports/ai-web-impact/

HEAD, Alison y EISENBERG, Michael, *Lessons Learned: How College Students Seek Information in the Digital Age,* Washington, University of Washington's Information School, 2009. URL: http://projectinfolit.org/images/ pdfs/pil_fall2009_finalv_yr1_12_2009v2.pdf [01-03-2014].

—, «How today's college students use Wikipedia for course related research», *First Monday*, 15-3 (2010) (DOI: http://dx.doi.org/10.5210/fm.v15i3.2830)

Hovy, Eduard *et al.* (eds.), «Artificial Intelligence, Wikipedia and Semi-Structured Resources», *Artificial Intelligence*, 194 (2013), pp. 1-252.

Howe, Jeff, *Crowdsourcing. Why the Power of the Crowd is Driving the Future of Business* (Blog), 2010. URL: http://www.crowdsourcing.com/ [25-01-2013].

Hurtado, Amparo, *Traducción y Traductología*. Madrid, Ediciones Cátedra, 2001.

Jemielniak, Dauriusz, «Breaking the Glass Ceiling on Wikipedia», *Feminist Review*, 113-1 (2016), pp. 103-108.

Jenkins, Henry *et al.*, *Confronting the challenges of participatory culture: media education for the 21st century*, Cambridge (Estados Unidos), The MIT Press, 2009.

Jones, Gareth *et al.*, *Domain-specific query translation for multilingual information access using machine translation augmented with dictionaries mined from Wikipedia*, CLIA 2008 - 2nd International Workshop on Cross Lingual Information Access: Addressing the Information Need of Multilingual Societies (congreso), Hyderabad (India), 2008. URL: http://doras.dcu.ie/386/1/cross_ling_info_2008.pdf [19-07-2014].

Katan, David, «Translation Theory and Professional Practice: A Global Survey of the Great Divide», *Hermes-Journal of Language and Communication Studies*, 42 (2009), pp. 111-154. URL: http://download2.hermes.asb.dk/archive/download/Hermes-42-7-katan_net.pdf [19-07-2014].

Kelly, Natally y Stewart, Robert, *The Language Services Market: 2011. An Annual Review of the Translation, Localization, and Interpreting Services Industry*, Lowell (Estados Unidos), Common Sense Advisory, 2011.

Kuznik, Anna y Verd, Joan Miquel, «Investigating Real Work Situations in Translation Agencies. Work Content and Its Components», *Hermes-Journal of Language and Communication Studies*, 44 (2010), pp. 25-43. URL: http://download2.hermes.asb.dk/archive/download/Hermes-44-kuznik&verd.pdf [19-07-2014].

Lagoudaki, Elina, «Translation Memory Survey 2006: Users' Perceptions around TM Use», en Helen Evans *et al.* (eds.), *Translating and the Computer 28, November 2006*, Londres, ASLIB, 2006.

Latour, Bruno, *Science in Action: How to follow scientists and engineers through society*, Cambridge (Estados Unidos), Harvard University Press, 1987.

LeBlanc, Matthieu, «Translators on Translation Memory TM. Results of an Ethnographic Study in Three Translation Services and Agencies», *The International Journal for Translation & Interpreting Research*, 5-2 (2013), pp. 1-13.

Lévy, Pierre, *Collective Intelligence: Mankind's Emerging World in Cyberspace*, Cambridge (Estados Unidos), Perseus Publishing, 1997.

Lim, Sook, «How and why do college students use Wikipedia?», *Journal of the American Society for Information Science and Technology*, 60-11 (2009) (DOI: 10.1002/asi.21142).

Littau, Karin, «First Steps towards a Media History of Translation», *Translation Studies*, 4-3 (2011), pp. 261-281 (DOI: 10.1080/14781700.2011.589651).

Lotman, Iuri, «Algunas consideraciones sobre la tipología de las culturas», *Revista de Occidente*, 103 (1989), pp. 5-20.

Luhmann, Niklas, *La Sociedad de la Sociedad*, Javier Torres Nafarrete (trad.), México D.F., Herder, 2006. URL: http://archivosociologico.files.wordpress.com/2010/07/la-sociedad-de-la-sociedad-niklas-luhmann.pdf [19-07-2014].

Mayoral, Roberto, *Aspectos epistemológicos de la traducción*, Castellón de la Plana, Publicacions de la Universitat Jaume I, 2001.

McDonough, Julie, «Analyzing the Crowdsourcing Model and Its Impact on Public Perceptions of Translation», *The Translator*,

Non-Professionals Translating and Interpreting. Participatory and Engaged Perspectives, 18 (2012), pp. 167-91.

McHENRY, Robert, *The Faith-Based Encyclopedia* [Mensaje en Blog]. URL: http://www.ideasinactiontv.com/tcs_daily/2004/11/the-faith-based-encyclopedia.html [25-01-2013].

McLUHAN, Marshall, *Understanding Media. The Extensions of Man,* Cambridge (Estados Unidos), The MIT Press, 1994.

MELBY, Alan, «Terminology in the Age of Multilingual Corpora», *JoSTrans: The Journal of Specialised Translation,* 18 (2012), pp. 7-29. URL: http://www.jostrans.org/issue18/art_melby.pdf [03-06-2014].

MONZÓ, Esther, «¿Somos profesionales? Bases para una sociología de las profesiones aplicada a la traducción», en Arturo Parada y Óscar Díaz Fouces (eds.), *Sociology of translation,* Vigo, Servizo de Publicacións da Universidade de Vigo, 2006, pp. 155-176.

NGUYEN, Dong *et al.,* «WikiTranslate: Query translation for cross-lingual information retrieval using only Wikipedia», en Carol Peters *et al.* (eds.), *Evaluating systems for multilingual and multimodal information access: 9th Workshop of the Cross-Language Evaluation Forum, CLEF 2008, Aarhus, Denmark, September 17-19, 2008, Revised Selected Papers.* Berlín, Springer, 2009, pp. 58-65.

NORD, Christiane, *Text Analysis in Translation. Theory, Methodology and Didactic Application of a Model for Translation-Oriented Text Analysis,* Julius Groos (trad.), Ámsterdam, Rodopi, 1991.

O'HAGAN, Minako, *The Coming Industry of Teletranslation: overcoming communication barriers through telecommunication,* Clevendon (Reino Unido), Multilingual Matters Ltd., 1996.

OLIVER, Antoni *et al., Traducción y tecnologías,* Barcelona, Editorial UOC, 2007.

OLIVER, Antoni y CLIMENT, Salvador, «Using Wikipedia to develop language resources: WordNet 3.0 in Catalan and Spanish [=Ús de la Viquipèdia per al desenvolupament de recursos lingüístics: el WordNet 3.0 català i castellà]», *Digithum,* 14 (2012), pp. 68-76. URL: http://journals.uoc.edu/index.php/digithum/article/view/n14-oliver-climent/n14-oliver-climent-eng [20-07-2014].

OLOHAN, Maeve, «Translators and translation technology: The dance of agency», *Translation Studies,* 4-3 (2011), pp. 342-357 (DOI: 10.1080/14781700.2011.589656).

OLVERA, M.ª Dolores y GUTIÉRREZ, Juncal, «Language resources used in multi-lingual question-answering systems», *Online Information Review,* 35-4 (2011), pp. 543-557 (DOI: 10.1108/14684521111161927).

POTTHAST, Martin *et al.* (2008). A Wikipedia-based multilingual retrieval model, en Craig Macdonald et al. (eds.), *Advances in information retrieval: 30th European Conference on IR Research, ECIR 2008,* Berlín, Springer, 2008, pp. 522-530.

PYM, Anthony, *The Moving Text: Localization, Translation, and Distribution,* Ámsterdam, John Benjamins Publishing Company, 2004.

—, «What Technology Does to Translating», *The International Journal for Translation and Interpreting Research,* 3-1 (2011), pp. 1-9. URL: http://trans-int.org/index.php/transint/article/view/121/81 [03-06-2014].

RAJAN, Amol, «The Big Question: Why has Wikipedia changed editorial policy, and will it improve the website?», *The Independent,* 27 de agosto de 2009. URL: http://www.independent.co.uk/life-style/gadgets-and-tech/features/the-big-question-why-has-wikipedia-changed-editorial-policy-and-will-it-improve-the-website-1777569.html [25-01-2013].

RAYMOND, Eric, *The cathedral and the bazaar: Musings on Linux and open source by an accidental revolutionary,* Sebastopol (Estados Unidos), O'Reilly, 2001.

RINSER, Daniel *et al.,* «Cross-lingual entity matching and infobox alignment in Wikipedia», *Information Systems,* 38-6 (2013), pp 887-907 (DOI: 10.1016/j.is.2012.10.003).

Risku, Hanna, «Cooperation and Quality Assurance in Technical Translation Projects», *Language at Work – Bridging Theory and Practice*, 1-1 (2006), pp 15-19.

—, «A Cognitive Scientific View on Technical Communication and Translation», *Target. International Journal of Translation Studies,* 22-1 (2010), pp. 94-111 (DOI: 10.1075/target.22.1.06ris).

Robson, Colin, *Real World Research: A resource for users of social research methods in applied settings,* 3, Chichester (Reino Unido), Wiley, 2011.

Rodríguez, Daniel, *Ceros y unos: La increíble historia de la informática. Internet y los videojuegos,* Madrid, Ciudadela Libros, 2011.

Rojo, Ana, *Diseños y métodos de investigación en traducción,* Madrid, Editorial Síntesis, 2013.

Saorín, Tomás, *Wikipedia de la A a la W,* Barcelona, Editorial UOC, 2012.

Schönhofen, Péter *et al.,* «Cross-language retrieval with Wikipedia», en Carol Peters et al. (eds.), *Advances in multilingual and multimodal information retrieval: 8th Workshop of the Cross-Language Evaluation Forum, CLEF 2007, Budapest, Hungary, September 19-21, 2007, Revised Selected Papers,* Berlín, Springer, 2008, pp. 72-79.

Shane-Simpson, Christina y Gillespie-Lynch, Kristen, «Examining potential mechanisms underlying the Wikipedia gender gap through a collaborative editing task», *Computers in Human Behavior,* 66 (2017), pp. 312-328 (DOI: https://doi.org/10.1016/j.chb.2016.09.043).

Slashdot, *Wikipedia founder Jimmy Wales responds* [Mensaje de foro]. 28 de julio de 2004. URL: http://slashdot.org/story/04/07/28/1351230/wikipedia-founder-jimmy-wales-responds [25-01-2013].

Somers, Harold (ed.), *Computers and Translation,* Ámsterdam, John Benjamins Publishing Company, 2003.

Soriano, Inmaculada, *Evaluación de un programa de movilidad en la formación de traductores* (Tesis doctoral), Universidad de Granada, Granada, 2007. URL: http://hera.ugr.es/tesisugr/16713266.pdf> [05-07-2014].

Stefaner, Moritz *et al., Notabilia – Visualizing Deletion Discussions on Wikipedia,* 2011. URL: http://notabilia.net [25-01-2013].

Stvilia, Besiki *et al.,* «Assessing information quality of a community-based encyclopedia», en Felix Naumann, Felix *et al.* (eds.), *Proceedings of the 2005 International Conference on Information Quality (MIT IQ Conference),* Cambridge (Estados Unidos), The MIT Press, 2005, pp. 442-454.

Thornton-Verma, Henrietta, «Reaching the Wikipedia Generation», *Library Journal,* 2012. URL: http://lj.libraryjournal.com/2012/04/publishing/reaching-the-wikipedia-generation-lj-recently-gathered-publishers-aggregators-and-librarians-to-discuss-trends-and-thorny-issues-in-reference/#_[25-01-2013].

Torres, Ruth, «Use of Translation Technologies Survey», *Mozgorilla,* 2012. URL: http://mozgorilla.com/en/texnologii-en-en/translation-technologies-survey-results/ [01-03-2014].

Van Der Meer, Jaap, «The Future for Translators Looks Bright, but They Will Have to Reinvent the Profession First», *TAUS. Enabling Better Translation,* 2011. URL: https://www.taus.net/articles/the-future-for-translators-looks-bright-but-they-will-have-to-reinvent-the-profession-first [23-07-2014].

Van Der Velden, Maja, «Decentering Design: Wikipedia and Indigenous Knowledge», *International Journal of Human–Computer Interaction,* 29-4 (2013), pp. 308–316 (DOI: 10.1080/10447318.2013.765768).

Vázquez, Manuel Ángel, «La semiótica de la cultura y la construcción del imaginario social», en Manuel Cáceres Sánchez (ed.), *En la esfera semiótica lotmaniana, Estudios en honor de Iuri Mijáilovich Lotman,* Valencia, Episteme, 1997, pp. 235-262.

— «El mito de Prometeo: fundación y quiebra de lo humano», en José Ángel Blesa *et al.* (eds.), *Mitos. Actas del VII Congreso Internacional de la Asociación Española de Semiótica celebrado en la Universidad de Zaragoza del 4 al 9 de noviembre de 1996 (Vol. 1)*, Zaragoza, Universidad de Zaragoza, 1998, pp. 222-227.

—, «Mundialización, comunicación y nuevo humanismo. Implicaciones educativas», *Agor@ Digit@l*, 3 (2002), pp. 1-16.

—, «El gran mediodía: sobre la transhumanización», en Rafael Morales Astola y Javier Rodríguez Fito (eds.), *Pensar la gestión cultural en Andalucía*, Huelva, Geca, 2003, pp. 26-44.

—, *Teoría del Emplazamiento: Aplicaciones e Implicaciones*, Sevilla, Ediciones Alfar, 2003.

—, «La semiótica de la cultura y la construcción del imaginario social», *Entretextos*, 11-12-13, 2008/2009.

VELASCO, Carmen y ALONSO, Elisa, «¿Dónde están las mujeres?: formación de traductoras con perspectiva de género desde un proyecto sobre COVID19- y Wikipedia», en Luisa Vega y Alba Vico (coord.), *Igualdad y calidad educativa: oportunidades y desafíos de la enseñanza*, Madrid, Dykinson, 2021, pp. 44-66.

VIEIRA, Lucas *et al.*, «Post-editing in practice: Process, Product and Networks», *JoSTrans: The Journal of Specialised Translation*, 31 (2019), pp. 2-13.

VIEIRA, Lucas *et al.*, «Translator autonomy in the age of behavioural data», *Translation, Cognition & Behaviour*, 4-1 (2021), pp. 124-146 (DOI: https://doi.org/10.1075/tcb.00052.nun).

WANG, Timmy, *The study of the use of Wikipedia by translation professionals*, (Proyecto de máster no publicado), Londres, Imperial College London, 2011.

WATERS, Richard, «Wikipedia stand-off in search for online truth», *Financial Times*. 20 de noviembre de 2006. URL: http://www.ft.com/intl/cms/s/0/3300554a-6d6a-11db-8725-0000779e2340.html [25-01-2013].

WATTENBERG, Martin y VIÉGAS, Fernanda, «Beautiful history: Visualizing Wikipedia», en Julie Steele y Noah Iliinsky (eds.), *Beautiful visualization: [looking at data through the eyes of experts]*, Sebastopol (Estados Unidos), O'Reilly, 2010, pp. 175-191.

WILLIAMS, Jenny y CHESTERMAN, Andrew, *The Map. A Beginner's Guide to Doing Research in Translation Studies*, Manchester, St. Jerome Publishing, 2002.

WOLF, Michaela y FUKARI, Alexandra (eds.), *Constructing a Sociology of Translation*, Ámsterdam, John Benjamins Publishing Company, 2007.

YE, Zheng *et al.*, «Mining a Multilingual Association Dictionary From Wikipedia for Cross-Language Information Retrieval», *Journal of the American Society for Information Science and Technology*, 63-12 (2012), 2474-2487 (DOI: 10.1002/asi.22696).

ZANOTTI, Agustín, «Wikimedia y la cobertura del COVID-19 en español: pro-ducción colaborativa de conocimientos en temas de actualidad», *Área Abierta*, 21-2 (2021), pp. 271-287 (DOI: https://doi.org/10.5209/arab.72767).